聚焦素养
探寻学力生长之路

梁丽华 —— 著

吉林人民出版社

图书在版编目（CIP）数据

聚焦素养　探寻学力生长之路/ 梁丽华著.— 长春：
吉林人民出版社，2023.4

ISBN 978-7-206-19980-6

Ⅰ.①聚…Ⅱ.①梁…Ⅲ.①小学语文课—教学研究
Ⅳ.①G623.202

中国国家版本馆CIP数据核字（2023）第092578号

聚焦素养　探寻学力生长之路
JUJIAO SUYANG　TANXUN XUELI SHENGZHANG ZHI LU

著　　者：梁丽华　　　　　　封面设计：李　娜
责任编辑：王　丹

吉林人民出版社出版发行（长春市人民大街7548 号　　邮政编码：130022）

印　　刷：北京政采印刷服务有限公司
开　　本：787mm×1092mm　　1/16
印　　张：11.5　　　　　　字　　数：184千字
标准书号：ISBN 978-7-206-19980-6
版　　次：2023年4月第1版　　印　　次：2023年4月第1次印刷
定　　价：58.00元

目 录
CONTENTS

上篇　教学策略

走进阅读教学·放飞阅读梦想 ……………………………………… 2

悦读 1+3 …………………………………………………………… 2

"双减"背景下小学语文课外阅读教学策略 ……………………… 5

让阅读教学展现真语风采 ………………………………………… 8

乐于思考，敢于质疑 ……………………………………………… 12

注重合作学习，提升语文学力 …………………………………… 16

如何提高学生回答问题的能力 …………………………………… 21

激发兴趣　实践体验　发展能力 ………………………………… 26

走进口语交际·彰显交际功效 …………………………………… 30

浅议小学生口语交际能力的现状和策略 ………………………… 30

让学生爱上口语交际 ……………………………………………… 34

巧设情境，在交际实践中培养核心素养 ………………………… 36

培养口语交际能力　增强课堂教学实效 ………………………… 39

在口语交际课中提升学生的语文学力 …………………………… 42

走进作文教学·聚焦学力习作 …………………………………… 48

关注"语用"，让习作应用能力喷薄而出 ……………………… 48

拨开迷雾，让前进的风帆在习作中曼舞轻扬 …………………… 53

抓细节提升语文写作能力 ………………………………………… 56

微课模式下小学语文作文教学的优化教学策略 ………………… 59

巧用作文微课培养学生的核心素养 ·············· 61

浅议小学生作文素养的提高 ·············· 64

学会自改，作文更精彩 ·············· 67

构建微信评改作文策略，提升学生语文素养 ·············· 71

走进学力评价·凸显语文素养 ·············· 75

核心素养下小学生语文阅读能力的评价 ·············· 75

核心素养下小学生语文学习能力的写作式评价 ·············· 77

下篇　教学设计

核心素养视角·阅读教学设计 ·············· 82

《虎口藏宝》 ·············· 82

《滥竽充数》 ·············· 88

《狐狸分奶酪》 ·············· 93

《荷叶圆圆》 ·············· 100

《蜘蛛开店》 ·············· 105

《鸟的天堂》 ·············· 109

《妈妈睡了》 ·············· 113

《枣核》 ·············· 117

《竹石》 ·············· 122

《王戎不取道旁李》 ·············· 126

《两小儿辩日》 ·············· 130

核心素养视角·"快乐读书吧"教学设计 ·············· 135

《读读童话故事》 ·············· 135

核心素养视角·"口语交际"教学设计 ·············· 139

《注意说话的语气》 ·············· 139

《应该怎么办》 ·············· 145

《观察中的发现》 ·· 149

《商量》 ·· 153

《我喜欢的动物寓言故事》 ······························ 156

核心素养视角·习作例文教学设计 ······················ 163

《搭船的鸟》 ·· 163

《尾巴它有一只猫》 ·· 167

《颐和园》 ·· 171

参考文献 ·· 175

上篇

教学策略

走进阅读教学·放飞阅读梦想

悦读 1+3

——浅谈部编教材"快乐读书吧"教学

纵观"快乐读书吧"教学现状，由于对教材编写意图和教学目标理解不够透彻，很多教师都觉得这个板块教学意义不大，而且难以操作，所以只是让学生通读一遍书里的文字，大概了解一下其中的内容便草草了事。更有甚者，为了应付考试，圈画一些自认为重要的内容让学生熟记背诵便算完成教学任务了。因此，作为语文教师，我们应以教材中"快乐读书吧"的推介读物为指引，努力拓宽学生的课外阅读，并以形式多样的阅读模式让学生爱上阅读，实现从阅读到"悦读"的华丽转身。

一、依托新板块，开启悦读之门

（一）激发阅读兴趣

布卢姆说："学习最大的动力，是对学习材料的兴趣。"我们要依托"快乐读书吧"这个新板块，根据不同年段学生的特点选择不同的激趣方式，激发他们的阅读兴趣。例如，低年级的学生好胜心比较强，喜欢游戏、竞赛，围绕二年级上册"快乐读书吧"《读读童话故事》这部分内容，教师可以用"比一比，谁猜得又快又对"的形式激发学生的阅读兴趣。通过展示《小蝌蚪找妈妈》《丑小鸭》等童话故事的相关图片让他们猜故事的名称。在生动、形象的图片刺激下，学生瞬间就被吸引了过来，争先恐后地猜测这些图片是什么童话故事中的，并对故事情节有了一定的畅想，为之后的故事阅读奠定了基础。

再以三年级上册"快乐读书吧"《在那奇妙的王国里》为例，中年龄段学生的思维方式主要以具体形象思维为主，而视觉是连接学生与教材的直接窗口，能够迅速感染学生和激发他们强烈的阅读欲望，所以我们可以借助图片、视频等多媒体教学手段激发他们的阅读兴趣。教师可以选择一些童话故事的视频片段，如《宝葫芦的秘密》，利用视频导入，带领学生快速进入童话世界，激发学生的阅读期待。

（二）渗透阅读方法

课外阅读是语文教学的课外延伸，要提高课外阅读教学效果，关键在于要让学生掌握有效的阅读方法。教师在结合"快乐读书吧"模块开展阅读教学活动时，还需要注意渗透阅读方法，帮助学生掌握相关的阅读技巧。阅读技巧具体包括两方面：一是教师要指导学生掌握做批注、写阅读感悟、制作故事卡片等阅读方法，使学生不仅要阅读，同时还要做到会阅读；二是教师要结合小学生的认知水平，帮助学生制订适合自己的阅读计划，做到有规划地阅读，避免学生思绪混乱，阅读质量不高。

以四年级下册"快乐读书吧"《十万个为什么》这本书的阅读指导为例。

首先，绘制思维导图。针对小学生读书囫囵吞枣，不了解作品核心内容的问题，教师指导学生绘制思维导图，利用图示了解作品的核心内容。《十万个为什么》这本书结合我们的现实生活，从大家都熟悉的生活内容入手，整理了常见的生活问题，并做出了解答，具体可以分为人体、医学、地理、植物、动物、科技等类型。在教师的指导下，学生以这几个分类为思维导图的树状分支，成功梳理了文章内容，简化了阅读思路。

其次，记录阅读收获。《十万个为什么》这本书中包含了丰富的科普知识，如果学生仅仅是走马观花地阅读一遍，不做任何记录，很难达到了解科学知识的阅读目的。为此，教师可以让学生设立阅读笔记本，要求学生一边读一边记，用精简的语言提炼科普知识。例如，有的学生在教师的引导下，将自己在阅读《十万个为什么》时学到的生活小知识记录下来，如果在生活中遇到发芽的土豆不要吃，因为会中毒。这样既培养了学生动笔读书的好习惯，也让他们积累了更多的科普知识并运用到生活中。

最后，制订阅读计划。

（三）拓宽阅读广度

教师要注意拓宽学生的阅读广度，结合"快乐读书吧"的内容，为学生推荐更多的阅读书籍，丰富学生的业余生活，使学生在开阔自己的眼界，积累阅读知识的同时，完善自己的阅读技巧和习惯。例如，学生在阅读了《十万个为什么》以后，教师可以趁着学生热情高涨，为学生推荐其他科普类书籍，有《看看我们的地球》《灰尘的旅行》《人类起源的演化过程》等，以满足学生的阅读需求。

二、构建共同体，绽放悦读之美

（一）构建小组阅读共同体，分享阅读快乐

在悦读 1+3 理念下，教师注意构建小组阅读共同体，使学生之间相互分享阅读的快乐。例如，针对三年级上册"快乐读书吧"的内容，教师就布置了小组阅读任务，要求学生从"快乐读书吧"推荐的书籍中选择本组学生都喜欢的一本展开阅读并交流。为了保证各个小组的阅读和分享效果，教师为各个小组设计了阅读分享卡片，要求学生结合卡片上提示的"我最喜欢的故事""我最喜欢的人物及原因""我在阅读中的积累"等，进行充分交流。最终，在教师的阅读卡片支持下，各个小组都完成了热烈讨论和分享，感受到了彼此的阅读快乐。

（二）构建师生共读共同体，养成阅读习惯

教师还要学会构建师生共读共同体，帮助学生养成阅读习惯。就以《安徒生童话》为例，教师选取了其中的一个片段《拇指姑娘》和学生一起阅读。在这个过程中，教师为了发展学生的想象力和创造力，和学生一起完成了畅想，说："假如我是拇指姑娘，在离开阴暗的地洞后，我会想：（　　）当我跟着燕子飞到空中，我遇到了（　　）。"最终，在教师的语言引导下，教师和学生之间形成了师生共读共同体，学生跟随着教师的思路养成了边读边想的习惯，感受到了童话故事的美好。

（三）构建亲子阅读共同体，创设阅读氛围

基于家长在孩子良好的阅读习惯形成过程中的作用，教师要善于调动家长的教育力量，引导家长和孩子一起阅读，为孩子的课外阅读营造轻松的氛围。例如，围绕五年级下册"快乐读书吧"中的名著阅读任务，教师就布置了亲子阅读任务。另外，教师还提前联系了学生家长，使家长意识到了名著

阅读的重要性，从而积极配合教师的教学工作，利用每天睡前的时间和孩子一起读名著。同时，家长在教师的教育指导下也学会了引导孩子进行阅读思考，如思考《西游记》中师徒四人的性格、思考作者想要表达的核心思想。

最终，在家校共育的教育背景下，学生喜欢上了阅读。

三、结束语

综上所述，新时代下小学语文部编版教材针对小学生的语文课外阅读，创设了"快乐读书吧"模块，在很大程度上为教师的课外阅读教学提供了契机。为此，教师要以"快乐读书吧"中的内容为指引，结合教材推荐的书目，组织多样化的阅读教学活动，从而激发学生的阅读动机，使学生在多样化的阅读中感受快乐，从而逐渐形成主动阅读的好习惯。

"双减"背景下小学语文课外阅读教学策略

如今，"双减"俨然成了教育界人士关注的一个课题。为贯彻"双减"政策，促进学生快乐成长，使学生拥有一个美好的小学时光，教师有必要把握课外阅读教学工作，帮助学生认识世界，增长学生的见识，提高学生的素养。

一、课外阅读的作用

课外阅读具有培养阅读习惯、开阔学生视野的作用。为此，教师需要高度重视课外阅读教学工作。

（一）培养阅读习惯

课外阅读内容是丰富多彩的。现在的学生可以接触国内外书籍，他们普遍喜欢课外阅读。课外阅读能使他们养成良好的阅读习惯。比如，有的学生会提前制订课外阅读计划，坚持课外阅读。

（二）开阔学生视野

学生通过阅读可以积累知识，开阔视野。比如，有的学生课外会看作文、漫画、故事、科学等方面的文章或书籍。经过一段时间的阅读后，学生的思维会更加活跃，他们会更想了解世界、探索世界，以此获得丰富的知识。在教育深化改革的背景下，我国提倡阅读教育，因此教师需要积极加强阅读教育，增强学生素养，助力学生健康成长。

二、"双减"背景下小学语文课外阅读教学策略

在"双减"背景下，教师有必要探讨提升课外阅读教学品质的策略，不断开阔学生视野，提高学生的素质。本书从鼓励学生阅读书籍，科学依托信息技术，教给学生阅读方法，开展多种阅读活动，加强家校联系等角度提出的"双减"背景下，小学语文课外阅读的教学策略，旨在为课外阅读教学工作提供科学的指导。

（一）鼓励学生阅读书籍，激发学生阅读兴趣

书籍是增长智慧的工具。在"双减"背景下，教师应鼓励学生阅读课外书籍，培养学生的阅读兴趣，让学生在知识的海洋里遨游。因而，教师可围绕"快乐读书吧"设计课外阅读教学方案，激发学生的阅读兴趣。以二年级下册"快乐读书吧"《读读儿童故事》为例。首先，教师可安排学生阅读童话故事《神笔马良》，而学生则需要认真完成阅读任务。其次，教师可在课堂提问："马良的家庭生活状况如何？马良有钱买笔吗？马良在什么时候获得了神笔？马良获得神笔后画了什么？马良用神笔画画的初衷、原则是什么？马良在得到神笔后与县令之间发生了什么事情，结果如何？"教师需要在课上给予学生讨论的时间，深化他们对阅读内容的理解。值得注意的是，教师需要依次提出以上问题，并依次给予学生讨论的时间。这样，通过思考问题和讨论，学生就能了解封建社会百姓的苦难以及马良的正义和善良。再次，教师可以选择几个学生，让他们小结阅读收获。最后，教师布置课外作业，即让学生根据书中蕴含的道理做一件温暖人心的事。通过上述活动，学生就容易认识到童话故事对实际生活的指导意义，从而提高课外阅读兴趣。

（二）科学依托信息技术，营造良好的阅读环境

如今，信息技术已融入人们生活之中。为提高课外阅读教学水平，教师可依托信息技术构建课外阅读教学方案，科学规划课外阅读教学工作，从而实现事半功倍的教学效果。以六年级下册——"口语交际"《同读一本书》为例，教师可以围绕《鲁滨逊漂流记》一书进行阅读指导教学工作。首先，教师在网上搜集与《鲁滨逊漂流记》相关的文字材料和视频，并加以整理，做成

一个生动的课件。其次，教师上课时放映课件，而在讲到鲁滨逊与星期五的故事时，教师可播放相关视频，帮助学生理解。同时，教师用图片和视频来展示鲁滨逊在荒岛上的生活。再次，教师可选几名学生叙述鲁滨逊的荒岛生活，使学生更好地理解《鲁滨逊漂流记》的内容，体会鲁滨逊的抗争精神以及认识他用现代文明来开辟新天地的壮举。最后，教师播放一段小结全书的视频，深化学生对整本书的认识。将信息技术融入课外阅读教学中，往往会得到意想不到的教学效果。因此，教师应积极构建基于信息技术的课外阅读教学体系，有条不紊地推进课外阅读教学工作。

（三）教给学生阅读方法，增强学生的阅读能力

古语云："授人以鱼，不如授之以渔。"在课外阅读教学中，教师要教给学生阅读方法，帮助学生掌握阅读技巧，提高学生的阅读理解能力。精读与略读是两种不同的阅读方法，其中精读是逐字逐句仔细地读，略读则是粗略快速地读，可以一目十行。为了使学生掌握精读与略读，教师需要对学生进行阅读指导教学。以六年级上册"快乐读书吧"《笑与泪，经历与成长》为例，教师可以先让学生略读《草房子》章节内容，再让学生选择感兴趣的章节进行精读。精读时，学生需要画出重点内容，在其旁边作批注，同时根据自己的理解写出章节的主旨思想。如此可让学生深刻领会精读与略读，提高学生对两种阅读方法的运用水平，增强学生的阅读能力。

（四）开展多种阅读活动，丰富学生的精神世界

在课外阅读教学中，教师要给予学生足够的成长空间，使学生能得到不断的发展。教师可在班级中开展读书活动，鼓励学生阅读书籍，演绎故事。以二年级上册"快乐读书吧"《读读童话故事》为例，教师可以让学生在课堂上阅读童话故事《爷爷一定有办法》，并理解内容。在学生完成阅读任务后，教师提问："书中包含哪些人物？"由于学生已仔细阅读，他们很快就做出正确回答："有爷爷、孙子（约翰）和妈妈。"在此基础上，教师可帮助学生捋清故事情节，然后再确保学生理解故事内容。在完成以上阅读活动后，教师便拿出提前准备的《爷爷一定有办法》的剧本和道具，让学生选择角色及相对应的道具。接着，教师安排学生排练。彩排结束后，教师就让学生上台表演。学生在阅读和表演的过程中既丰富了精神世界，又激发了读书欲望。因此，教师需要在今后的教学中多开展班级读书活动。

（五）加强家校联系，强化阅读教学质量

为贯彻"双减"政策，促进学生的全面发展，教师需要在推进课外阅读教学过程中加强与家长的联系，鼓励家长配合学校的课外阅读教学工作。在互联网时代下，教师可用微信或QQ与家长沟通并布置课外阅读任务；家长也需要在微信或QQ向教师反馈学生的课外阅读任务完成情况。家长除了配合教师工作，督促孩子完成课外阅读任务，还要根据孩子的阅读需求，为孩子拓展阅读空间。比如，家长可以带孩子参观科技馆、博物馆、历史文化馆，以此增长孩子的见识，满足孩子的阅读需求，提升孩子的阅读水平。总而言之，家长是学生成长道路上的陪伴者、引导者，需要肩负起责任，科学地指导学生发展。教师需要认识到家长在学生成长道路上所扮演的角色，主动联系家长，进而形成课外阅读指导合力，从而保障学生课外阅读质量，避免学生感到"书到用时方恨少"。

三、结束语

阅读一本好书如同和杰出的人谈话。在"双减"政策下，教师需要加强课外阅读教学，指导学生阅读好书，帮助学生在阅读过程中品味人生。除此之外，教师需要掌握课外阅读教学策略，创新课外阅读教学工作，让学生获得良好的阅读体验。另外，教师还要善于从学生的角度出发，设计课外阅读教学方案，最大限度地满足学生的阅读需求，强化学生的阅读效果。

让阅读教学展现真语风采

"忽如一夜春风来，千树万树梨花开。"随着新课程的"春风"吹遍大江南北，滋润了无数教师的心田。阅读教学作为语文教学的重要板块之一，它的研究也理所当然地得到重视。"学生是学习的主人""要以读为本""要运用现代化的手段构建乐学的模式""要珍视学生独特的感悟和体验"……这些富有时代特征的、与时俱进的教学理念，是那样地深入人心，它使得我们的阅读教学课堂有如锦上添花，且颇具百花齐放之势。

但是，在我们的课堂中，在各种层次的公开课上，我们不难发现，不少阅读教学的课堂正在悄悄地"变脸"：有的过度追求教育数字信息技术的运用，声光电充斥了学生的感官，看似热闹，实则收获不大；有的频繁组织学生进行讨论探究，争论得面红耳赤，实则形同虚设、无实效；有的把课文讲得感人肺腑，催人泪下，但一节课下来，学生的语文能力得不到提高……那么，怎样才能避免阅读教学中这些扑朔迷离的现象，展现语文的真我风采呢？我认为可以从以下几方面着手。

一、重视语文本体性教学，借助课文教语文

语文教什么？上海师范大学吴忠豪教授在他的教科研中指出，基于语文的工具性和人文性的特征，它的教学内容可分为本体性教学内容（语文知识、语文能力、语文技能）和非本体性教学内容（人文性、情感态度价值观、审美教育、多元文化等）。语文教学过程，主要是字词句、表达方式方法的学习和运用过程，它更重视语言的积累、运用，其他方面则应该是兼顾的，不能喧宾夺主。例如，在教学《翠鸟》一文时，可教的内容就很多，如翠鸟的外形特点、翠鸟的生活习性，以激发学生对翠鸟的喜爱之情及保护小动物的意识。无论教哪一点，对学生来说都是一种收获。如果教者只把目标停留在这些方面，只能说学生是学了一篇课文，上了一节科学课或品德课。学生对本文涉及的字词句没有积累，对观察描写小动物的方式方法没有学习和运用，不管这节课看上去多么精彩（也不可能精彩），可是它对学生的语文素养、语文能力的提高没有实质性的帮助，它也就失去了一节语文课的意义。又如，在教学《雪顿节上看赛牛》一文时，我们就不能只满足于让学生学习几个生字词，体会牦牛大赛的有趣和揪心，还可以学习文中写比赛时对壮观场面的描写方法，并指导学生运用这种写作方法仿写另一种热闹的场面。此外，我们还可以根据不同课文的特点，引导学生进行故事的改写、续写、扩写等。这样，教学目标才真正实现了"知识与能力、过程与方法"的统一。因此，我们对每一节课的教学设计都应该在三维目标框架的构建下，紧扣语文本体性教学目标，善于把握和挖掘课文这一载体中的语言文字和表达方式方法训练的着眼点，切实而巧妙地用课文教语文，全面提高学生的语文素养。

二、细化阅读教学目标，贯穿语文课堂

目标教学的倡导者认为，目标教学是实现高效教学的重要手段之一。一篇课文，涉及的知识是方方面面的，如果我们没有明确的目标，或是目标定得太大，不鲜明，往往会造成上课教师讲教材、读教材，学生在课本中"漫游"，不知所学的现象。因此，吃透教材，准确把握教材特点，并根据学生的学习能力来制定与之相适应的明确而单一的微观目标，并把这个目标贯穿于阅读教学中，就显得尤为重要。例如，在教学《桂林山水》一文时，我根据课文中多次运用排比句来描写桂林山水的表达特点，结合学生即将进入景物描写训练的需要，我在上课前制定了"学习从不同角度观察、描写景物的方法"的教学目标。上课时，紧紧围绕这一目标，通过不同形式的朗读和说话训练，使学生对这种方法有了初步的感知，最后超越文本，让学生"运用这种方法从不同角度描述校园里的校道"。结果学生不但深刻认识了桂林山水的特点，感受了桂林山水的美丽，而且熟练掌握了排比句式的运用，纷纷说出了以下句子：校道真大呀，可以并排行走八支放学队；校道真直呀，仿佛那是一把巨大的直尺横卧在校园中央；校道真美呀，在它两旁挺立着一棵棵茂盛的榕树……就这样，因为我在教学设计时便制定了合适的教学目标，抓准了语言训练的切入点，为仿写这一环节埋下了伏笔，而且这一目标始终贯穿于整个课堂，所以目标落实得非常好，既提高了学生的写作能力和语文素养，又实现了高效教学。

三、坚持以读为本，回归语文本位

"读书百遍，其义自见。""朗读赋予文章灵魂，讲解把文章解剖得支离破碎。"一直以来，组织阅读教学的最大法宝都是朗读。然而，有的教师生怕学生读不懂、读不好，于是怯于让学生读书，或以讲解代替，做一个不折不扣的解说员；或"毫无节制地放纵情感"，把语文课上成一节时髦而虚伪的品德课——假语文课。难道他们忘了吗？积累语言，运用语言是语文课的使命；以语言为核心，以语文活动为主体，以语文素养的提高为目的是语文课的特征。

我认为，要在阅读教学中展现语文的风采，体现语文的本色，必须做到以读为本，让学生在朗读中积累语言知识，在朗读中感知课文内容，在朗读

中体验情感，在朗读中感悟表达方式方法并学习运用。这就要求教师处理好各种不同目的的朗读，做到每次朗读有目的、有指导、有提高，并且尊重学生在朗读中的独特的情感体验。

四、慎重选择合作探究，讨论环节宁缺毋滥

小组讨论、合作探究作为一种重要的学习方法，在阅读教学中的运用早已司空见惯。学习的金字塔理论告诉我们，小组讨论、合作探究作为一种通过听和说获取知识的学习方法，其知识吸收率高达 50%，我们理应重视。但在阅读教学实践中，无效的小组讨论却屡见不鲜。有的教师组织学生或讨论一些浅显得不必讨论便人人知道答案的问题，或讨论一些过于深难，小学生无力应对的，或是无从找到答案的问题，其结果必然是乍一看课堂热热闹闹，学生热情高涨，其实毫无收效，虚晃一枪。究其原因是有的教师在设计合作探究这一环节时，未能准确选择合作探究点。所以我们在阅读教学时，一定要根据教材特点和学情需要，遵循"宁缺毋滥"的原则，选择那些有必要、有价值的合作点，组织学生开展有效的小组讨论、合作探究活动。例如，有些问题的答案是开放性的，它需要不同的学习者富有个性的答案碰撞；有些语句的含义特别深刻，有待众人去开发；有些语段涉及多个角色，故事情节复杂，个人难以胜任……这些都是最佳合作点。教师可以根据不同的任务和学生的能力特点，组织适当的合作人数，指导学生展开合作探究，实施由"合作探究—多向交流—积极回应"三部分组成的体现生本互动、生生互动、师生互动的教学过程。

五、合理运用信息技术，切忌手段喧宾夺主

随着教育信息技术的发展，许多教师在课堂上对这些数字教学资源的运用已经得心应手，炉火纯青，各种使用便捷的 PPT、奇趣的动画声像，无不在震撼着学生的视听觉。教师们在成功分享网络资源的同时，也激发了学生的学习兴趣。但是，有的教师喜欢滥用多媒体，似乎非得用上这些先进的教学手段，才能足以证明自己与时俱进，于是不管是否有必要，对网上的信息资源粗制滥造，信手拈来。殊不知这样一来，教师在课堂上只能忙于操作电脑平台，忽略了对学生应有的语言文字训练和师生互动、生生互动的机会，也使得一节语文课像在组织学生观看视频，失去了语文的味道和意义。因此，

对多媒体的运用也应该遵循"辅助教学"原则，而不能把它作为主要教学手段。

在教改的浪潮中，我们可以先知先觉地引领潮流，也可能后知后觉地苦苦追赶，但我们不允许自己不知不觉地落后。"在阅读教学中如何实现真语文教学"是一个值得我们深入探究的课题，我希望能与同行们一起，锲而不舍地探索下去。

乐于思考，敢于质疑

——谈小学高年级语文课堂质疑能力的培养

古人云："学贵知疑，小疑则小进，大疑则大进。"小学高年级语文课堂要积极构建思维探究的课堂质疑能力。践行"六步教学法"中提到语文课堂教学由创设问题开始，这就是重点让学生对课文进行质疑，然后让学生带问题进行探究性学习。这符合了《义务教育语文课程标准（2011年版）》的要求，即强调思维能力的培养，要把给予学生问题、思路、结论的教学方式变为学生自己发现问题、解决问题、得出结论的教学方式。怎样让学生乐于思考，敢于质疑？值得大家深思，并深入研究。

一、小学高年级语文课堂教学的现状及成因

纵观我们的语文课堂，学生们几乎无疑，课堂质疑的环节要么"被克扣""被削减"，甚至"被取缔"，要么就是存在着质疑只有其"形"而无其"实"。学生一节课下来，只有听和记笔记，根本没有开动脑筋思考，谈何质疑？有的教师课堂上有体现质疑这个环节，在读课题时让学生提出了许多问题，但是提出的问题没有及时归纳和整理，这样做使学生的质疑与后面的教学缺乏内在的联系，最终质疑归质疑，教师上课仍然按照原定的设计把课上完就完事了。还有的教师在上完一节课后就问学生还有没有不懂的问题，这种情况下发问的学生寥寥无几，虽然会有些学生主动质疑，但是由于时间限

制，教师往往会让学生课余时间去解决。学生会在课余时间解决吗？其结果不得而知。这样的质疑是有其形而无实效的。

我对本班学生进行了调查，发现60%的学生认为教师教什么，我就学什么，懂了就行；有10%的学生只愿意听教师讲，懒得动脑筋思考问题；有20%的学生认为课堂上有问题，也有自己的想法，但不愿提问题或不敢提问题；有10%的学生喜欢提问题，与教师交流，认为课堂应该给他们质疑、交流的机会。

调查发现造成当今小学高年级语文课堂教学里学生无疑的现状，原因有以下两个方面：①从学生角度来看，受传统文化和教育的影响，认为教师就是权威，教师说的就是对的，听懂学会就行了，从而课堂上失去了质疑的信心，更缺少了质疑的勇气和热情，就算课堂上有质疑都是迫于教师的外在要求，而不是独立思考得来的，这样导致的"好学而无疑"成为小学高年级课堂的普遍现象。②从教师的角度来看，受传统教学模式——教师问、学生答的影响，大家都认为教师提问，学生回答，课堂上热热闹闹，就是发挥了学生学习的主动性，但是这样做却忽视了学生个性化、有差异的多元探究活动。从事小学高年级语文教学的教师一般都是教学经验丰富的老教师，对先进教学理念的接受不那么容易，因而语文阅读教学缺乏了先进的教学理念的支撑。在课堂教学中，许多教师只关注问题的解决结果，忽视了培养学生发现问题、解决问题的能力。有的教师在课堂上没有搭建有效的质疑互动舞台，让那些乐于思考、敢于质疑的学生没法和文本有机链接，使他们迸发不出原本绚丽的智慧的火花。还有的教师不能善待学生的错误，只注重结果是否和自己的一致，而没有发现其过程是多么的可贵。在教学过程中，对于那些在探索过程中善于动脑、勇于创新的学生，没有运用良好的评价激励机制，促使他们积极思考，敢于质疑。

二、小学高年级语文课堂质疑能力的培养

（一）转变教学观念

"播下一种思想，收获一种行动。"思想决定行动。好的、先进的教育教学思想，决定着课堂教学行为方式的改变。随着社会各方面发展得越来越快，传统的教学方式已经跟不上如今教育发展的步伐。新一轮的课堂教学改革要求教师进一步更新教育教学理念，改进教学方法、教学行为和教学手段，培养学生自主学习的意识和能力。所以教师要重视在语文课堂教学中构建质疑

文化，把学生当作学习的主人，引导学生在课堂教学中乐于思考，鼓励学生大胆质疑，使学生的思维始终处于活跃状态。

（二）创设质疑平台

1. 为学生提供质疑的环境

质疑问难，敢于创新是每个学生与生俱来的潜能。"给我一个平台，我还你一片精彩！"学生的潜能得以挖掘，有赖于教师为他们提供展示的平台。因此，在语文课堂教学中，教师要营造一个民主、平等的学习氛围。民主的课堂环境有利于激发学生的独特见解，有利于学生大胆质疑，大胆创新。给每个学生一个质疑的机会，这样学生就会大胆质疑，还会给老师一个意外的惊喜。教师还要鼓励学生有不同的看法，鼓励学生从不同的角度去思考和判断，鼓励学生自己发现问题、解决问题，激发学生的质疑热情。对待质疑能力差的学生，要保护好他们的自尊心，更应给予肯定和表扬。另外，对于学生的质疑，教师要根据不同情况及时解决，产生一个让学生信服的结果。那样学生就会觉得教师给了他们一个施展才能的环境和机会，将会真实地表现自己，深入思考，大胆质疑。

2. 让学生拥有质疑的时间

在教学前让学生充分自学，大胆质疑，就是让学生课前预习课文时有什么不懂的问题提出来。自从市里召开课堂教学改革现场会以来，我们年级的教师都使用了导学单，每一节课的导学单都会引导学生课前充分自学，然后对课文提出问题，并写下来，如叶老师上复习课《直述句改转述句》，就使用了导学单，让学生课前自主复习并做练习，反思自己做这一类型题目的过程中遇到的疑问，并在导学单上写下来。学生提出了自己的疑问，如遇到人称较为复杂的直述句应该怎样改准确？遇到特殊句式的直述句又应该怎样改好它？……这都是学生练习过后带有个性的质疑，同时这些也是课堂教学要解决的重点问题。这样做给予了学生充足的质疑时间，调动了学生学习的主动性和积极性，培养了学生发现问题、分析问题、解决问题的能力。

（三）教会质疑方法

俗话说："授人以鱼，只供一食之需，教人以渔，则终生受用。"要使学生在课堂上善问会疑，教师就要"授之以渔"。从何疑起？怎样疑？教师要教给学生质疑的方法。我认为在语文课堂上要教会学生多角度地质疑。

1. 从课文题目中质疑

好文章的题目往往隐含着多方面的信息，如中心内容方面的、语言文字方面的等。教师要在课堂教学中教会学生从课题质疑，然后潜心读文，解决疑问，如在教学《军神》时，引导学生读题后质疑：军神是谁？为什么他被称为军神？教学《祖父的园子》时，引导学生质疑：为什么以"祖父的园子"为题？可以换成"自由的园子"吗？学生带着这些问题开始深入探究文本，解决问题。

2. 从遣词造句上质疑

所学的课文很多是文质并茂的佳作，许多优美的词句值得我们去细细品读揣摩，学会借鉴运用。然而对于这些好的语句就得教会学生通过质疑的方式进行深入体会。例如，教学《桂花雨》一课，文中"桂花盛开的时候，……没有不浸在桂花香里的"这句描写桂花香的句子，引导学生先找出描写花香的字词——"浸"，然后质疑：写花香不是"飘"吗？句中却用"浸"，是不是用错字了？通过质疑释疑，学生明白了"浸"字使得花香不但闻得到，还能感觉得到，从而感悟到作者用词恰当、传神。

3. 从课文的矛盾处质疑

有些课文中有看似矛盾之处，在课堂教学中，要抓住它不放，教会学生从矛盾中思考质疑，然后讨论学习，把课文理解引向深入，如教学《跳水》一课，文中写道："四十秒钟——大家已经觉得时间太长了。"大家对于时间长短的判断不合常理，看似矛盾。引导学生质疑：四十秒的时间真的太长了吗？大家为什么觉得太长了呢？经过思考深入理解，明白这样表达的意思，突出了孩子处境危险和人们对孩子的关心。

4. 从特殊标点使用质疑

有些课文中有一些标点符号的使用非常值得深究，如同一个词语在文中有时用双引号，有时则不用；还有的标点又为文章留了不少的空白。在教学中，教师要教会学生发现这些差异，然后进行质疑，深入领会其表达的意义，如教学《鸟的天堂》一课，文中多次出现"鸟的天堂"一词，教学时先引导学生发现这个词语在课文中出现了几次，每次出现有什么不同，学生会发现，有的用上双引号，有的没有用上。这时就引导学生质疑：为什么同是"鸟的天堂"这个词语，在文中有的用引号，有的又不用？再让学生讨论，从而理解作者这样使用标点的真正含义。

方法是世界上最有用的知识，但方法不是唯一的。教会学生质疑的方法还有很多，可以从课文留空白处质疑，从文章结尾处质疑，从课后延伸方面质疑，等等。此外，由于受学生身心、智力发展情况等因素影响，课堂上，有时学生提出的问题抓不住要领，有时提出的问题太简单，没有思维价值，但是我们的老师要坚持让学生质疑问难，让学生在不断的实践中逐渐"敢问""会问""乐问"。

（四）长期坚持质疑

坚持就是胜利，凡事都得这样。在语文课堂教学中营造质疑文化也不是一天两天的事，必须坚持去做。每上一节语文课，每讲一篇课文都坚持训练学生质疑，培养学生质疑求异的思维，提高学生分析问题、解决问题的能力，让学生在课堂上把"我要问""我会问"形成一种永恒的追求，努力营造一种质疑的文化。

三、结语

学贵有疑。课堂质疑是学生学习的开端，是课堂智慧生成的开始，课堂上积极引导学生质疑，让学生从不想问到敢问，从不会问到善问的转变，从而优化课堂教学，提高课堂教学效率。让课堂质疑形成一种班级文化，让我们的课堂成为一个思维密集的"智慧场"。乐于思考，敢于质疑，让课堂精彩，演绎着新课改背景下的小学语文课堂教学的实践智慧。

注重合作学习，提升语文学力

"独学而无友，则孤陋而寡闻。""三人行，必有我师焉。"《义务教育语文课程标准（2011年版）》提倡学生采用自主、合作、探究的学习方式。合作不仅是一种有效的学习手段，而且是一种目标，是人们在现实社会中需要的一种基本素质。小组合作学习是以学习小组为单位进行讨论、交流、合作完成教学任务的一种教学形式。那么，在我们小学语文课堂上，如何利用合作学习，提升学生的语文学力呢？我有如下想法。

一、老师要改变教学方式

古人云："供人以鱼，只解一餐，授人以渔，终身受益。"《义务教育语文课程标准（2011 年版）》要求不仅全面提升学生的核心素养，而且要尊重学生在学习过程中的独特经验。要改变学生学习语文的方式，教师就必须在教学中有所改变。教师由过去以满堂灌为主，向以学生自主学习为主转变，由传统的知识传授者转变为学生学习的引导者。要真正确立学生在学习中的主体地位，不但教师的教学方式改变，教师的评价方法、教学内容也要相应地发生变化。

教师作为学生学习的组织者，首先，要为学生提供合作交流的机会和时间。在课堂教学的组织中，合作学习经常采用学生个人自主学习、两人交流、小组合作、小组和小组交流、全班交流等方式。这些组织形式为学生创造了合作和交流的机会。同时，教师还要给学生自主学习提供充足的时间，让学生体会到通过合作交流学习获得成功的乐趣。其次，教师还应该成为学生学习活动的引导者，引导内容包括学习方法、思考方式，还有做人的意义。最后，教师还应该成为学生学习活动的参与者。在合作学习中，教师在布置完任务之后，要时常穿梭于各个小组之间进行旁听、指导、帮助或者纠正，促使每个学生更好地参与到合作学习活动中，让学生集思广益，各抒己见。

正如英国教育家洛克所说："导师应该记住，他的工作不是把世界上可知道的东西全部教给学生，而是使学生爱好知识，尊重知识，在使学生采用正当的方法去求知，去改进他自己。"所以，教师转换角色，改变已有的教学方法，是利用合作学习提升学生语文学力的前提条件。

二、在教学中，活用语文教材，精选合作学习的内容

并不是所有的语文教学内容都可以采用合作学习的方式。没有合作价值的问题，合作是一种重复性的工作，会使学生感到疲劳。因此，合作内容的选择是实施群体合作学习的前提。

在语文课堂上，如果想小组合作学习是有效的，首先，教师在备课时就要深入学习教材，把握教材的重点和难点。其次，教师需要了解学生，选择值得讨论的问题。合作学习的内容应该具有挑战性，具有一定的探索和讨论价值，具有一定的开放性。合作学习还要探索适当的合作时机，这样可以激发学生的学习兴趣，使每个学生都能积极参与讨论。因此，我们可以让学生

在上课时间进行合作探究和相互学习，也可以让学生在课堂上短时间讨论和辩论问题。

合作学习，并不是语文教材中每一个教学内容都适合使用，也不是一堂课由始至终都需要运用，更不是只在教室中使用。因此，教师要根据教学目标、教学内容及训练要求，把握恰当的时机进行合作学习。

三、准确把握开展合作学习的时机

在小学语文课堂教学过程中，采用合作的学习方式，既能够使课堂的气氛更加活跃，又能够使学生主动地参与学习活动，提高他们互相协作的能力。

合作的意义，在于通过合作学习达成学生之间的取长补短，教师要合理选择合作的时机。因为不是每个学习内容都需要合作，否则合作学习就失去了作用。交流、合作，不能简单地用一节课活动的次数来限定。形式要为教学内容服务，所以在小学语文课堂教学中，教师要把握好每一次合作的机会，当学生的提问适合讨论时，引导他们进行合作，使他们在交流和辩论中获得灵感和启发，从而准确、快速地完成一项艰巨的任务，实现合作与交流。

（一）课前预习时合作

课前预习的质量直接影响课堂效果，预习是否处于积极状态也会影响预习的质量。在语文教学中，教师可以让合作小组积极参与课前预习，这样不仅可以获得更好的预习效果，而且可以调动学生的学习积极性。一个人的力量是细小的，但合作的人多了，每个人都出一份力，力量就不可限量了，互相借鉴，互相学习，提高更快。所以有用的合作预习交流是非常有必要的。例如，语文课教学中需要的课外知识资料很多。教师在布置预习任务的时候，可以经常让学生找一些课外资料。但受家庭、个人因素等条件的限制，不少学生在收集资料时会遇到一些困难，这样可以采取个人、合作相结合的方法进行。先让学生独立收集自己能收集的资料，再小组内交流，梳理整合。在检查预习时，比比哪个小组查的资料既多又齐全。这样既能大大提高学生学习的能动性，也能提高学生的自学能力。

（二）课堂教学中开展各种各样的合作学习

1. 学习生字时合作

在中低年级学生进行生字学习的时候，也可以让学生进行小组合作学习。在预习生字的时候，学生先把每节课的生字写在卡片上，并思考用什么方法记住生字。在合作学习的时候，学生之间互相当小老师，把自己的识字方法教给同组的同学，然后在小组里面再比比看，谁的方法最好，谁的方法最妙。接着推选到全班发言。通过这个方法，既可以锻炼中低年级学生的口头表达能力，又可以使学生在合作学习中掌握了生字、词语，避免了教师枯燥无味的讲解。

例如，教《雪域高原看赛牛》时，课文的生字比较多，可以让学生先自己预习生字的读音、写法。第二天上课时，先在小组里面进行预习检查，小组长带领组员，把自己预习的情况汇报一遍，互相补足，把各自容易读错的，或者比较难写的生字找出来；接着由小组长反馈，小组里面不能够解决的生字，如容易写错的"勇、竞、敢"；最后通过集体的力量去解决。这样不难发现，剩下的都是大家认为比较难写的生字，都是有一定难度的。这样教师再有目的地进行渗透教学，从而达到人人都懂。通过这种合作，节省了时间，避免了机械操作，提升了课堂效率，提高了学生的学习积极性。

2. 巩固练习时合作

在小学语文教学中，有很多内容需要学生熟练掌握的，如古诗词的积累、重点文章的重点段落等。这就需要通过反复练习，巩固掌握，提高正确率。这些内容也可以采用合作学习的方式，在合作中交流，在合作中纠正。

在教学四年级下册"百花园二"时，我运用了合作学习。在教"千（　　　）万（　　　）"的词语时，我先让学生自己观察词语的特点，然后在小组内交流，再找出类似的词语，并积累下来。接着开展以小组为基础单位的开火车比赛，比一比哪个小组积累的词语最多。因为不能说相同的词语，所以在小组内收集词语时，学生们都积极地利用工具书、上网等资料尽可能多地收集，学习积极性大大提高，学生学得更专注，记得更牢固，掌握的词语更多。

又如，在作文教学中，教师没办法在课堂上对每个学生的作文进行逐一点评，而对于写作能力强的学生，他们具有一定的评价能力，这样，也可以利用合作学习。例如，点评学生写作《玩儿得真开心》时，教师在课堂上布置写作合作学习，在明确点评要求的基础上互相评价。小组的同学在组长的组织下，轮流读自己的写作，听的同学要专心，边听边思考：他的写作写得好的是哪里，哪里有不足。等一个同学读完，其他组员发表自己的看法，提出修改意见，被指出问题的同学，及时在写作上记好建议，马上进行修改。这样，写作好的学生可以帮助写作能力差的学生，让每个学生的写作能力都得到提高，从而提升学生的语文学力。

3. "读""议"时合作

语文教学是"听说读写"的教学。"读"是理解讨论的基础，非常重要，但大部分学生认识不到读的重要性，教师让读，学生通常会坐在那儿随意地读几句。等教师问："都读完了吗？"学生就会附和说："读完了。"事实上，有些学生根本没有认真读课文，没有边读边思考，因此也不能在讨论中提出有价值的建议。此时，我们也可以适当合作朗读、互相监督，读后交流自己的体会。这样，在讨论中自然而然就能提出有价值的问题。

我在教学中常常会要求学生在小组合作下进行"读"。小组合作"读"的形式很多，可以分角色朗读，可以分段交换朗读，可以分男女读，可以组和组之间赛读，如在教学《走进丽江》这篇课文时，课文句子比较长，没有认真朗读，学生很难理解课文。我让学生在小组内分段合作读课文，听的同学可以记下对方的错误，帮助其纠正。通过这样的合作"读"，学生会积极地参与"读"，而且特别认真，自然能把课文读得非常透彻。在这个基础上，要求学生说说丽江"美丽而神奇"在哪些地方时，学生热烈地讨论，充分地发表自己的看法，展示自我，激发学习兴趣。

争论性的问题，教师包办代替，学生只会知道结果，不明白过程。如果是通过合作讨论问题，就会越争论，问题越明白。合作，既激发了学生的个性，又体现了语文教学文无定论的特点。因而在有争论性的问题时，也适合合作学习。而在讨论的时候，小组长要明确每个组员的分工，有的记录，有的监督，有的小结。在相互合作中，你启发我，我启迪你，从中体会到补充、否定、反思。例如，在教学《父亲、树林和鸟》时，有这么一道课后题：为什么说："我真高兴，父亲不是猎人。"对于这个问题，就可以充分发挥合作讨论的优势，让学生找出体会深刻的句子，发表自己的见解，互相讨论、畅所欲言，加深对课文的理解，以达到理想的合作学习效果。如此，既可以创设一个轻松的学习氛围，又可以让学生的参与面更广，让学生爱学、乐学，语文学力得到进一步提升。

（三）课外阅读和语文实践活动时合作

课外阅读和语文实践活动是语文课堂教学的延伸，也是培养学情分析、解决问题的能力的重要途径。鉴于每一个学生的家庭背景、爱好、能力等各方面存在差异，一个学生可能没有办法独立完成有些课后阅读和语文实践活动。这时学生能够组成合作学习小组，互相帮助，互相学习，让自身有机会展示自己的才华和能力，在活动过程中逐步体验合作的默契、参与的喜悦和成功的快乐。

小学生年龄比较小，活泼好动，喜欢活动，我们也可以充分利用这些特点，组织各种各样的语文实践活动合作，如诗歌朗诵、课本剧表演、成语接龙等，让学生在语文实践活动中，互相合作，优势互补，共同提高。

学生在学习语文的过程中，要"知其然"，还要"知其所以然"，这样就可以突出学生的主体地位，充分尊重学生，把学生推到发现者的位置，使他们主动地进行学习，提升他们的语文学力。

四、要给学生充足的独立思考和讨论的时间

合作学习是基于学生个人的合作需求。当学生不能独立解决问题，遇到困难时，需要寻求他人帮助时，要进行合作学习，这样的合作学习才是有价值的。

因此，在语文教学中，要留给学生充分的独立思考时间。教师提出讨论的问题后，不能立即让学生进行小组讨论，先让学生进行自主学习，要求学生独立思考，给学生做好充分准备的时间。等学生有了自己的独立想法之后，再参与讨论。这样，既能养成学生独立思考的习惯，又能确保每一个学生在讨论的时候有话可说。

同时，教师应鼓励学生表达自己的独立观点。当学生犹豫不决时，教师不应急于打断学生的发言，而应让学生有足够的时间发言和辩论。

合作学习是学生相互学习、相互促进的有效途径。这也是提高学生语文学力的有效途径。有效的合作学习可以互补优势，促进知识建设，为每个学生创造积极参与学习的机会，促进学生的发展，让我们共同努力，让学生活跃起来，让课堂活起来，让合作学习在课堂上真正有效和高效，从而切实有效地提升学生的语文学力。

如何提高学生回答问题的能力

1924 年，叶圣陶先生专门写过一篇《说话训练》的文章，阐述了培养学生说话的重要性，他认为教师一定要对学生进行严格的说话训练，否则的

话，他们出了学校，不善说话，甚至终其身不善说话。学生回答问题的能力，是学生口头表达能力及其语文水平的直接反映，还是学生语言组织能力、表达能力的体现，培养学生回答问题的能力，能大大地提高学生的阅读能力、理解能力、分析能力、概括能力，从而提高学生的思维能力和分辨能力。我们应该从哪些方面着手呢？我小结了一下，可以从以下几个方面入手。

一、改变观念，允许个性张扬

我在上二年级上册《天鹅、大虾和梭鱼》这篇课文的时候，提了一个问题："怎样才能拉动大车呢？"一般的学生回答："天鹅、大虾和梭鱼劲往一处使，同心协力，团结合作，就能拉动大车了。"这就是教参里面的正确答案，可是班上最调皮的邓同学说："不管他们怎样的同心协力，大车都是无法前行的。"全班同学都哄堂大笑，我让学生们安静下来，示意他把自己的想法说清楚，他说："因为大虾和梭鱼都是生活在水里，他们拉车的时候只能往水里拉，而天鹅它就是要往天上飞的，大家方向不同，怎么能拉动大车呢？所以我觉得要想拉动大车，要不就是全部换成鱼儿来拉，要不就是全部换成鸟儿来拉。"

我们常常觉得学生没有独特的见解，没有个性，没有自己的想法，答案千篇一律，学生不想发表自己的见解，可是扪心自问：我们允许学生个性张扬了吗？我们喜欢那些有独特见解，逆我们意，不听我们话，反驳我们，挑战我们的结论、见识、权威的学生了吗？如果我们允许他们的存在，那他们又会有什么不一样呢？

二、营造和谐轻松的课堂气氛

课堂气氛直接决定着学生敢不敢说、想不想说。和谐轻松的课堂气氛能让学生敢于大胆地表达自己的感受，幽默、风趣的语言，微笑的面容，温和的目光，落落大方的仪表会给学生带来一种和谐安全的感受，常常会让我们的教学效果事倍功半。不要将生活中的琐事、伤心事、痛苦的事带到课堂中，把自己的心情丢掉，微笑、微笑、再走进教室，今天，你的课堂气氛肯定特别融洽，如果你天天板着一张脸，学生会怕我们，会畏我们，更会敬而远之，课堂上我们提出的问题，更加不想参与，万一答错了肯定遭殃，谁想撞枪口？所以营造和谐、轻松、平等的课堂气氛是相当重要的。

（一）培养学生的自信

1. 允许犯错

要培养孩子的自信心，首先要允许他们犯错。在课堂上，有的学生回答问题如果错了，其他学生可能会嘲笑他，课后当笑话逢人必说；如果教师当着全班同学的面批评他、训斥他，其他的学生看到都会想："说错了，老师会批评，同学会嘲笑的，要引以为戒啊！"都三缄其口了。其实，学生与学生之间都会存在一定的差异，对待不同程度的学生，我们要用不同的尺子来衡量，就算说得不好，或者说错了，甚至离题十万八千里了，也尽量不训斥，引导学生重新思考，或者在下次提简单的问题的时候，让他回答，帮助他重拾自信心。

2. 多表扬，少批评

作为教师，要了解自己班的学生，把相信人人都能成功的理念传达给每个学生，在教学中要多表扬，少批评。尤其对口头表达能力较差的学生，只要他开口说话了，就要给予鼓励，每一点进步，都要给予表扬。课堂上多表扬少批评，不要让学生觉得回答问题是一种压力而不敢说，教师要多用一些鼓励性的语言触动其心灵，如"棒棒棒""你真棒！""哪个孩子能帮帮老师解决这个问题？""你的发言实在棒极了"。

3. 表扬手段多样化

"你说得好棒呀！""你的声音真甜美！""你说得真有趣！"……这些表扬的话我们要时常挂在嘴边，红花、小五星等小礼物也要常常在手上，随时闪亮登场。学生们听到表扬，看到奖励，心里也很高兴，觉得和同学、老师交流是一件快乐、容易的事，会更喜欢回答问题。

周末，家长来接孩子，有的教师会在门口做一个表扬栏，用醒目的标题表扬这个星期的"智多星、辩论家、故事大王、朗诵能手"等，既增强了学生的荣誉感，又带动家长的关注与重视。我们年级的教师还常常会发表扬信，有的一个星期发一次，有的大礼拜发一次，有的一个月发一次，学生领到表扬信回家，都要求家长贴在墙上，与家人分享他的喜悦。

4. 多用各种辅助手段

在课堂上，也可以经常小组讨论，鼓励学生在同学面前勇敢地发表自己的见解。学生在与他人交流思考的过程中，会逐步提高解决问题的能力。

对于特别胆小的学生，还可以请家长配合，让家长在家里多和孩子谈心，多让学生说说自己的想法，让学生在外人面前发言。

要培养学生的自信心，让学生亲近教师，敢于和我们说他心中所想，教师可以在下课的时间多和学生聊天，多沟通，让学生喜欢我们，信任我们，更加愿意和我们说话。

（二）给予充足的思考时间

现在，部分教师提问时留给学生思考的时间太少，学生的思维得不到训练，所以部分学生都不愿举手了。在课堂上，每提出一个问题，都留充足的时间让学生思考，然后再叫学生回答。

（三）问题由易到难

可以用循序渐进的方法，开始先问简单的问题，或者无所谓正误的问题，并对所有的回答都予以鼓励。重要的是把课堂气氛活跃起来，并让每个学生都能无压力发言。

在教学中，一般都是几个胆子比较大的学生争着回答问题，其他的学生都是听着就行。我都会先给予鼓励："哎呀，这个问题是有点难，不过我们班的学生比它厉害，肯定能行的。""只要动动脑筋，就会想出来的，你行的。"有时，遇到难度大点的问题，我会先把问题分解，从易到难。例如，我们学习《小英雄王二小》的时候，课后习题"为什么说王二小是英雄？"孩子们不知道什么是英雄，所以我就将这道题目分为三部曲：①英雄是什么意思？②王二小做了什么事情？③他这么做有什么作用？学生很容易就能解决这个问题了。

三、训练回答问题的能力

（一）培养表达的兴趣

每个人都希望得到别人的肯定，每个人都希望别人看到自己的闪光点、自己的长处，每个人都害怕别人抓住自己的弱点不放，把学生当成一个成年人，尊重他，鼓励他，肯定他，给他提出新的希望，学生尝到成功的喜悦，会更加喜欢回答问题。兴趣是最好的老师，只要能让他喜欢，还有什么阻碍呢？

（二）培养倾听的能力

学生在课堂上回答问题的正确率偏低，其重要原因是学生没有听清楚问题的重点，没有好好理解题目，思想的火花刚刚擦了一下边，答案没有深思熟虑，便马上举手说了。我们班有个学生叫王宇（化名），像小老鼠一般精灵，老师提出来的每一个问题，他都会举手，但是，老师讲第一段的内容，他回答第二段，老师讲第三课课文，他去读第二课，答非所问，他是屡错屡不改，越挫越勇，每节课都是眼睛闪闪发亮地站起来，高高举着他的小手，让人不忍心不叫他回答问题，但他的准确率又是 0，那怎样引导这个忠实粉丝呢？后来，每次我想叫他回答问题的时候，我都先问他："王宇，刚才老师说的问题是什么？"能说出问题，再让他讲答案，说不出问题，就让其他学生告诉他老师的问题，这样，慢慢地，他的准确率就提升了，即使错了，我也是一笑而过，慢慢地，全班同学受到感染，知道要回答问题，就一定要听清楚老师问什么，上课也更加集中精神了。

（三）训练表达的技巧

对于低年级的学生，回答问题，很多时候是不完整的，那么刚刚入学的时候，我们就要教给他们"谁干什么""谁怎么样""什么干什么""什么怎么样"等基本句式，说一句话时，一定要包括这几部分才算说完整。例如，学习《阳台上的小鸟》时，我问学生："你喜欢课文中的小朋友吗？为什么？"学生都是回答："喜欢。"我以前也觉得这样回答就行了，用不着回答"我喜欢文中的小朋友"那么啰唆，但是当教学生写句子，写一段话的时候，你就会发现，如果现在不引导他们完整地回答问题，日后写句子，也会有头无尾成分残缺的。例如，用"阳台"写句子，他们就会写"妈妈在阳台上"，他们不知道要写清楚在阳台上干什么了。所以，引导学生回答问题的时候，先让学生把一个句子说完整，对于其日后写句子、写一段话、写一篇文章都有好处。

我们除了要引导孩子把句子说完整，还要鼓励孩子把答案想清楚再说，为了防止在别人回答问题时，或者等待老师请自己回答时遗忘答案，可以将自己的见解反复想几遍加深记忆了再举手，也可以在课文空白的地方，写几个重点词语，以提示自己。

激发兴趣 实践体验 发展能力

——浅谈在小学语文教学中如何培养学生的综合能力

一、深入备课，精心设计

一节成功的语文课，让大家看到了精彩的过程和令人赞叹的成果，而深入备课，精心设计，是成功课堂必不可少的前提。备课是精彩课堂的基础，吃透教材，研究教材，充分挖掘教材的内涵，充分思考学生的兴趣、能力，进而精心设计教学过程的每一个环节，每一个问题，每一道练习，每一次实践，才能实现高效的课堂，培养学生听说读写、合作探究等综合能力，提高学生的语文素养。

二、激发兴趣，点燃激情

爱因斯坦说过："兴趣是学生最好的老师。"我国著名教育学者梁好先生也认为，兴趣是最好的老师，每一个孩子都有无限的潜力和发展可能性。以兴趣的培养来激发学习的激情，让学生对学习充满信心，对成长充满渴望。当我们的课堂能引发学生的兴趣，就能点燃他们的学习激情，让他们自主地、热情地投入学习。

我在执教二年级"口语交际"《说说你喜欢的动画片》时，考虑到看动画片是小学生童年生活必不可少、特别喜爱的娱乐，因此，我利用他们熟悉的动画片人物（动物），吸引他们的注意力，一定能让他们以饱满的热情投入学习。所以，一上课，我就说："看到大家坐得那么端正，有一群小伙伴想和你们交朋友呢！"学生个个瞪大了眼睛，满脸笑容，满脸期待！接着，伴随着轻快的音乐，熊大、熊二、哆啦A梦、超级飞侠、白雪公主……学生熟悉的动画片角色纷纷出现，教室里顿时沸腾起来。然后，我又巧设一些问题，引导学生思考、交流，他们都津津乐道，大胆展示。最后，再来一个"快乐童声"环节，让学生拍着手、跟着节拍，随着动感的音乐唱起《快乐酷宝》《我还有点小糊涂》，教室成了欢乐的海洋！下课了，学生仍情不自禁地继续唱着、说着……我也开心地感到这节"趣"味十足的口语交际课是成功的，而且这节课的录像被评为了省级的"优课"。

有一位教师在执教四年级作文指导课《我的动物朋友》时，"请"来了一只活生生的、洁白可爱的兔子，虽说电视上、图书上常见兔子，可对于我们这些城市里的孩子，就未必见过。兔子的出现让教室立马炸开了锅，它赢得了阵阵掌声、笑声、惊叫声，还激发了学生们对它的研究兴趣，他们都把目光聚集在兔子身上。经过老师的巧妙引导，学生对兔子的外形、动作及生活习性观察得细致入微，说得精彩纷呈。当然，那么别开生面的作文指导课，学生的写作也非常成功。

找准学生的"趣"，激发学生的"趣"，保持学生的"趣"，整个课堂，学生就会积极参与，兴趣盎然，达到教师预设的目标。

三、重视实践，发展潜能

语文是实践性很强的课程，要培养语文实践能力，靠的就是语文实践。在教学中，如果让学生在学习环境中，发展他们的学习天性，发挥他们的学习潜能，是否能发现学生更闪亮的光辉呢？答案是肯定的。

记得郭思乐教授曾说："农民在田间不是在插秧，而是在抛秧！抛秧是种水稻的重大的农活。多少年来，人们一直以为把秧苗插的密上加密，就会收获更多。一年复一年，禾苗的产量不变。不知道从什么时候起，也不知道是谁的科研成果，人们把过去从田里拔秧改变为用育秧盆培育块状秧苗，把插秧改为抛秧。农民们不再受面朝黄土背朝天的辛苦，而是姿态优美地抛秧苗，这样做，收成还比以前好多了……""抛秧"的故事给无数教育者带来思考。语文的教学，传统式的读—写—读，这种机械性地学习，学生只是填鸭式的记忆，其实，多把学习的主动权交给学生，让学生自由发挥，让学生多做实践，教师再检查、传授，得到的效果是不一样的。

这个"实践"包括了自主实践、合作实践。

在低年级识字教学中，我总会布置这样一道课前作业：做字卡。不少老师持反对意见，说："学生这么小，怎么会做呢？很多都是留守儿童呀！而且，就算做，也做得不像样。"我想，我也来一回"抛秧"吧，让学生去探索生字，研究生字，让他们感觉生字的有趣。于是，我让学生预习课文，大概知道生字的读音及组成后，把这个字写在卡片上，成为自己学习生字的工具。学生在实践操作中，就会下意识地记住生字的结构、笔画、笔顺、读音。班里总会有些不按时或者不会做字卡的同学，我就会让小老师利用课余时间教他们制作字卡。久而久之，班上每个同学都会做字卡了，而且他们还设计了自己喜欢的卡片形状，或是制作了五颜六色的生字卡。就是这样一个活动，他们的识字能力不仅增强了，而且收获了友谊，发挥了想象力……

在教学的识字环节，我常常这样做：学生自由读文，了解课文的大概内容后，让同桌之间认读字卡，认字多的当小老师教另一名同学，通过两个人的团结协作，实现各个生字都过关，识字能力弱的尽可能地多识记。接着，进行全班认读生字，采用小老师带读、男女对歌读、分组赛读等形式，让学生之间进行善意的比赛竞争，让他们在比赛中学习、进步。而后，我会让学生们在小组里交流识字方法，让他们通过自己的观察，用自己喜欢的方法识字。在识字课堂，你会发现，我的学生是如此的：踊跃举手想当小老师，畅所欲言，热情真诚地和同学交流识字（教学生字），兴致勃勃地参与游戏。你也会听到他们说一些新鲜、有趣的识字方法：山下有个饼干厂——岸；两个大王约了今天见面——琴；三个人一起去看日出——春；我们的阿炳同学当厂长了——厉（因为那同学姓万）……

文章不厌百回改，修改作文，不是一件容易的事，如何让学生积极修改并使其能力有所提高呢？我在教学中年级作文时，尝试了一个合作型的修改评价，学生自我修改后，在小组内交流评价，写作的学生逐段读自己的作品，小组长带头评价，并督促其修改。渐渐地，我发现，写作能力强的学生，不仅习作文采飞扬，而且其语言表达能力、评价能力都大大提升；中等水平的学生能在伙伴们的提点和帮助下，有所进步；写作能力暂时落后的学生的写作起码有个完整的结构，还会出现个别好词。这也许就是团结互助的结果。

我曾观摩过一位高年级的教师在指导科学实验的作文时，选择了一个有趣的"插土豆"的实验，通过学生独立观察、自主实践以及合作和做实验，让学生更直观、深刻地理解物体的受力知识。在课堂上，学生的说与写都相当地精彩。

不管在讲读课、阅读课还是其他课堂，都尝试着有效地组织学生进行小组学习、实践，既能增进学生之间的友谊，又能培养学生的团结协作能力、观察能力、口头语言表达能力、逻辑思维能力等，使得学生的综合能力得到提高。

四、善于激励，增强动力

著名教育家苏霍姆林斯基曾说："教师的任务就是要不断地发展儿童从学习中得到满足的良好情感，以便从这种情感中产生和形成一种情绪状态——强烈的学习愿望。"这里说的"不断地发展儿童从学习中得到满足的良好情感"就是需要教师对学生的学习能力、学习态度等表示肯定和赞赏。"成功的欢乐是一种巨大的情绪力量。它可以实现儿童好好学习的愿望……"在教学过程中，教师要不吝啬激励，让学生收获成功的快乐，增强学习的愿望。特别是学习落后的学生得到教师的激励，才有动力积极学习，才有信心争取进步。只要学生乐学，就有利于教师在教学过程中培养和发展学生的综合能力。

语文是重要的交际工具，"得语文者，得天下"。在教学过程中以趣导航，重视实践，我相信，学生们一定会很喜欢语文，也会学好语文。

走进口语交际·彰显交际功效

浅议小学生口语交际能力的现状和策略

语文核心素养其中一个重要方面就是语言能力。一个人能说会道，出口成章，下笔成文，对其自身的长远发展是非常有利的。我们课本中的口语交际就是训练学生这种能力。一个人具有很强的语文素养主要表现在其语言生动，感染力强。就如鲁迅先生所讲的"嬉笑怒骂，皆成文章"。《义务教育语文课程标准（2020年版）》明确指出，语文口语交际是语文教学活动的一项重要内容。因此，教师要重视对学生口语交际能力的培养，为学生在以后的人际交往中打下良好的基础。

一、现状

（一）教学上的忽视

直到现在，在我们的教学中仍有重书面轻口头、重知识轻能力的现象，从而导致听说教学得不到足够的重视。反思我们口语交际的课堂，不难发现，有相当的一部分学生不能清楚、连贯、完整、准确地表达自己的想法，说出的话只言片语、词不达意、前后脱节等；还有一部分学生根本就不敢、不愿意发言，当被老师提问到时，显得局促不安，完全开不了口。在我们的教学中有些教师的着力点是在基础知识教学，在阅读和作文教学上更是浓墨重彩，而口语交际的教学可以说是备受冷落，虽然也没有完全忽视，但也没有花大力气去探讨。更有甚者，每个单元的口语交际，教师都会给学生抄例话，定模式，简单地带过，更不要谈什么口语交际教学目标了。

（二）学生的表现

我们不难发现，有些低年段的学生在课堂上总是高高举起小手，而越到中高年段，学生越来越不敢说，越来越不想说，越来越不会说。具体表现在以下几个方面：①因为胆小，害怕出错，不愿意表达；②表达不完整，颠三倒四，课堂上偶尔能站起来回答也是扭扭捏捏，憋了老半天才吐出一两个字；③缺乏条理性，话语连贯性差。这和学生的年龄增长、身心发生变化有一定的关系，不可否认，这也有忽视口语交际教学、学生缺乏口语锻炼而产生的影响。

（三）信息技术的影响

信息技术的飞速发展，改变了我们生活中的聊天模式，如微信、短信、QQ等聊天工具的兴起，使人们的生活越来越依赖这些通信软件，慢慢地大家习惯隐藏在文字背后，用手指交流代替口头交流。这一点也在潜移默化地对小学生产生影响，他们喜欢拿着家长的手机在班级群里交流，转发各种有趣的内容，却不敢在众人面前回答问题。信息技术的冲击，也是口语交际被忽视的一个重要原因。

二、策略

（一）创设条件，让学生"能说"

《义务教育语文课程标准（2020年版）》指出："学生是语文学习的主人。语文教学应激发学生的学习兴趣，注重学生自主学习的意识和习惯，为学生创设良好的自主学习情境。"因此，要激发学生参与交际的热情，良好的氛围是前提。在口语交际过程中，应精心设计符合生活实际的情境，让学生有一种身临其境的感觉，情绪从而被调动起来，参与口语交际的愿望被激发出来，这样他们才会有学习的动力，才能体会到语言的魅力。情境的创设可以是各种各样的，如师生表演、播放动画、录像、生生表演、出示多媒体课件、组织外出活动等，通过生动形象的画面调动学生的积极性，吸引其注意力，为其说话创设丰富的语境。例如，我在教学《维权守法小卫士》时，先让学生了解身边发生了哪些违反法律法规、侵害公民权益、维权守法的事，再查找相关的法律法规。在学生做好充分准备的情况下，我将"法庭"搬上课堂，让学生针对某个事件发表自己的看法，让"法官"对该事件进行新判断……这样的情境和条件的创设，激发了学生的热情，使学生有话可说，有话敢说。

再如，教学《完璧归赵》时，我课前就给学生分配了角色，告知学生上课时要表演。课前学生自己讨论了该怎么表演，甚至小组内试着表演，进行调整修改后再在班上表演。这样既调动了学生学习的兴趣，又提高了学生的口语交际能力。

（二）确立话题，让学生"会说"

"让学生成为语文学习的主体，真读、真说、真写、真对话。"这是"真语文"提出的要求。要让学生真说，真对话，话题的选择非常重要。口语交际的话题是多元的、开放性的，确立学生熟悉而感兴趣的、大多数学生都可参与的话题，将口语交际落到实处。

1. 充分利用教材资源

我们的教材是图文并茂的，书上的文字和图片相互结合能触碰学生的心灵，教师可以结合教学需要，灵活转变教学方式，创设一些有趣的，让学生发言的环节，挖掘口语交际的话题，激起学生对口语交际的兴趣，如教学《慈母情深》时，引导大家回忆妈妈给自己做过哪些事，让自己感受到妈妈的爱；教学《猎人海力布》时，可以让学生创造性地复述课文、续说课文等方式锻炼学生的口语交际能力。

2. 鼓励学生学会大胆表达

对于胆小和不善于表达的学生，教师可以鼓励他们多和别人交流，安排一些任务让他们去完成，如帮老师去领取物品、交表格、借东西等，一次次普通的交往，都可以锻炼学生的胆量和交际能力。同时，学生在学习、生活中难免会和别人产生矛盾，鼓励他们大胆尝试和别人沟通，表达自己合理的意愿；在父母生日时向父母表达自己的爱和感恩，这些都是提高口语交际能力的有效方式。

（三）开展活动，让学生"乐说"

口语交际是一项实践性很强的活动，学生交际能力的培养必须依赖各种活动。因此，教师可以给学生搭建各种展现自我的"舞台"，让学生在活动中锻炼自己的口语交际能力，如竞选班干部，鼓励学生自由上台"竞选演说"；开展课前3分钟讲故事，让学生复述他最近看的书或故事；结合某件事，让学生自由发言，谈谈自己所感；组织辩论赛，让学生发表自己的看法。再如，我校前不久举办的"跳蚤市场"活动，从活动组织、布置、人员安排到活动展开，我让学生作为主体，分小组负责，组员相互讨论后做出方案。我作为一个"总顾问"，只是发动家长在学生有需要时从旁提供协助，其他的放手让学生自己去实践。在整个活动过程中，让学生自由地发表自己的想法，学会和学校工作人员沟通取得自己需要的物品，最后相继地把自己手里的商品推销出去。学生积极地参与到这个活动中，并在活动中感受到快乐和收获。这些喜闻乐见的活动是学生们所喜爱的，也让他们在参与的过程中得到了真实的锻炼。

（四）借助评价，增强自信

每个人都渴望得到别人的肯定和赞赏，小学生更需要教师常用肯定和表扬的方式来保护他们的自尊心，激发他们的上进心。在口语交际过程中，教师应该耐心地倾听学生的发言，善于发现学生的闪光点，及时给予肯定；当遇到学生表达困难的时候，应该适时给予安抚和引导，让学生能在老师和同学的帮助和指导下，把话说明白、说具体。同时，教师还应该引导学生根据口语交际的要求，互相进行评议，评一评对方是否把话说清楚了、说明白了。还可以让学生参与评价，激发他们的竞争意识，从而学会认真倾听别人的发言，并进行判断，或肯定赞扬、欣赏别人的优点，或批评质疑，给对方提出意见。通过有效的评价机制，能够促进学生口语交际能力的提升。

（五）注重积累，有话可说

重视语言的积累是提高口语交际能力的基础，要学生做到"能说""会说""乐说"，就必须在他们的大脑里存储一定的信息，才能畅所欲言。因此，教师在平时要注意多开展各种阅读活动，扩大学生的阅读量，帮助学生储备丰富的知识，积累材料，培养语言能力，从而提高他们的口语交际能力。另外，教师可以通过布置口语交际的相关训练活动，让学生把看到的、听到的、书本上学到的、有趣的事告诉自己的朋友、父母等人，在和他人的交往中锻炼和培养自己的口语交际能力。

语文课堂，应该是培养人的课堂。面对新的社会需求，口语交际已是现代生活必备的生活技能，是人人需要掌握的一项交往技能。作为一名小学语文教师，我们应该充分重视口语交际教学，认真开展口语交际教学，让学生在课堂上"口若悬河"，培养学生的口语交际能力，让学生能说会道，提高学生的语文素养。

让学生爱上口语交际

——浅谈小学口语交际教学

《义务教育语文课程标准（2011年版）》对口语交际教学提出了新的要求：乐于参与讨论，敢于发表自己的意见。表达要有条理，语气、语调适当，抵制不文明的语言。但是，在日常口语交际教学中你会发现：小组讨论嗡嗡嘤嘤，看似热闹非凡，实则个人表达不是欲语还休，就是言之无物。"假装认真"地讨论一番后就"静待花开"，等教师所谓的"标准答案"，完全没有自己独立自主的思考和个性。我认为，小学口语交际教学应该做到以下几点。

一、营造氛围，增强信心

约翰·密尔说："在压抑的思想环境下，禁锢的课堂氛围中是不可能产生创造性火花的。"口语交际课上如果学生因缺乏自信心而不敢交流，这样的课堂无疑是一败涂地的。因而，营造一个良好的环境氛围，让每个学生都各抒己见，能激发其进行口语交际的信心。

（一）演讲锻炼信心

我认识一位老师，不管什么场合总能挥洒自如、气定神闲，我问她有什么独门秘诀，她说："从小到大我都非常幸运地在国旗下讲话，这样的训练使我的内心无比强大、充满自信。"要想每个学生都在国旗下讲话显然是不现实的，我效仿北京史家胡同小学万平老师的做法：每天课前五分钟，随机抽取两个学生到讲台上即兴演讲，可以讲一个故事、读一首诗，或者自己定一个主题进行演讲，甚至唱一首歌……刚开始，大部分学生在毫无准备的情况下面对几十双眼睛"表演"都略显生涩。经过一段时间的"秣马厉兵"后，大部分学生的"表演"已然胜似闲庭信步了。有了强大的自信心做保障，学生交流、辩论就能游刃有余。

（二）朗读辩论激兴趣

我经常在班内举行朗诵比赛、演讲比赛、辩论会等，为学生轻松自如地进行口语交际创造良好的环境。

除了组织好教材里的辩论会，我还引导学生关注社会的热点问题进行辩论。通过这样的辩论，不但可以提高学生的口语交际能力，还可以对学生进行爱国主义教育。

马尔顿说："坚决的信心，能使平凡的人们，做出惊人的事业。"通过不同形式的朗读、演讲与辩论帮助学生树立信心，使他们交流起来更加从容自如。

二、降低难度，人人参与

在口语交际教学中，如果有可操作性比较强的实物供学生观察，使学生看得见，摸得着，他们会觉得更真实，其口语交际的主动性就会被激发出来，如教学"口语交际"《介绍一种动物》时，我先让他们回去对喜欢的动物进行观察，然后再在课堂上对他们略加指导，要求从动物的外貌体态、生活习性和生存环境做介绍，但是收效甚微。细究原因，我发现大部分学生家里都没养小动物，而公园、动物园里的动物又不能近距离接触，因而交流的时候便出现"不出声"的现象。

我灵机一动，立即上网搜索动物图片让学生进行观察，在五彩斑斓的视觉冲击下，学生的兴趣瞬间被燃起，他们开始叽叽喳喳地展开了讨论，并且对自己喜欢的动物的外形做了细致描述，有的小组还运用了比喻、拟人等修辞活灵活现地介绍小动物。但是一节课下来，我仍然觉得美中不足，因为缺乏实质性接触，学生对喜欢的动物的生活习性和生存环境不是很了解。

接着我要求每个小组必须对一个或两个小动物进行观察（并且是方便带到教室里的小动物），一周之后再把小组所观察的动物带到班里做现场介绍。通过一周的观察，学生对自己喜欢的动物有了深入的了解，并培养了一定的感情。当学生带着动物（鹦鹉、金鱼、仓鼠、乌龟等）来教室展示、讨论、交流的时候，不但对动物的外貌体态说得生动形象，而且把动物的生活习性、生存环境也说得头头是道，并且表达出对动物的喜爱之情。

"故不积跬步，无以至千里；不积小流，无以成江海。"只要我们坚持让学生近距离观察，由浅入深地引导，让学生去接触、思考，就会让他们产生无限的学习动力。

三、巧用教材，激发想象

爱因斯坦说："想象力比知识更重要，因为知识是有限的，而想象力概括着世界上的一切，推动着进步，并且是知识进化的源泉。"教材中许多课文的结局意味深远，留给读者无限的想象，教师可以充分利用这些课文大做文章，激发学生的想象，对学生进行口语交际训练。例如，学习了《穷人》后，我启发学生进行想象，"资本主义社会是黑暗的，在资本主义社会里穷人的命运会改变吗？请你为穷人续编故事，你会设计一个怎样的结局呢？"由于学习课文时，学生读懂了桑娜一家纯朴善良，宁可自己受苦也要帮助别人，学生的思维一下子打开了。按照喜剧和悲剧的结局去引导学生想象出一个又一个令人觉得耳目一新的故事情节。由此可见，巧妙地利用教材，创造机会训练学生的口语交际能力是行之有效的办法。

总而言之，教师在上口语交际课时采取学生喜闻乐见的形式，营造良好的氛围，创设合适的情景，激发学生口语交际的兴趣与欲望，树立学生口语交际的信心，培养学生倾听、表达和应对的能力，长此以往学生自然而然会爱上口语交际。

巧设情境，在交际实践中培养核心素养

东北师范大学史宁中教授认为："学生核心素养的培养，最终要落在学科核心素养的培育上。所谓学科核心素养，就是指学科的思维品质和关键能力。"而特级教师崔峦老师认为，"有一副好口才"是小学语文学科核心素养的具体体现之一。

"有一副好口才"指的是拥有良好的口语交际能力。它是现代公民的必备能力，是文明和谐地进行人际交往的素养。当前，口语交际教学越来越被重视，在课堂教学中进行高效的口语交际训练，培养学生的核心素养，我认为可以通过创设贴近生活的交际情境入手。那么怎样创设情境呢？在日常口语交际教学中，我是这样创设情境的，具体如下。

一、运用媒体，创设交际情境

巧用多媒体图、文、声、像并茂的呈现方式，创设悦目、悦耳、悦心的贴近生活实际的交际情境，能使学生产生如见其人、如闻其声、如临其境的感受，产生强烈的情感共鸣，激发学生参与交际的兴趣。例如，学习S版课标语文教科书四年级下册语文百花园五"笔下生辉"中的《讲述我家的故事》时，上课伊始即播放央视的一个公益广告——《为妈妈洗脚》，广告中那动情的音乐，那熟悉的画面，那浓浓的情感，瞬间打开了学生的记忆闸门，激发了他们强烈的表达欲望。学生都争先恐后地举手，一个个感人的故事从他们的口中喷涌而出，情深处有些学生甚至哽咽得说不出话来，有的学生掉下了眼泪，这就是恰当利用多媒体的魔力。

又如，在学习四年级下册的能说会道《家乡的变化》时，课前我让学生通过利用互联网、图书馆等渠道搜集家乡不同时期的图片，上课时利用宣传片《风情玉都　山水绿城》，全方位、多角度展示"中国南玉之都""中国长寿之乡"的独特风情和魅力，让学生真真切切地感受云开大地改革开放以来的巨变，为学生提供丰富的口语交际素材，这样不仅培养了学生收集信息、处理信息及口语交际的能力，而且激发了学生热爱家乡、热爱祖国的思想情感。

二、开展活动，创设交际情境

丰富多彩的班队活动将知识性、趣味性、教育性寓于活动之中，是学生校园生活中重要的组成部分。在愉快的活动中，学生可以全身心地投入，其童真童趣得以尽情释放，个性特长得到充分展现。这有利于促进学生的身心健康。因此，学校、班级开展的各种活动，正是对学生进行口语训练的绝好机会。

例如，学习《我们都是推广普通话的宣传员》时，先安排几名学生表演相声《说方言闹出的笑话》，相声表演中一出出令人捧腹大笑的闹剧激发了学生强烈的表达欲望。然后让学生在小组内讨论："说普通话重要吗？"要求先摆出自己的观点，再说明理由，还可以举出例子。在畅所欲言中使学生明白推广普通话的意义，以提高他们对口语交际能力的重视。

又如，在班队活动中，或组织学生开展生动有趣的游戏活动，或开展劳动竞赛、手工剪贴活动，或让他们模拟当服务员招待客人活动，让他们把活动的具体过程、参与活动时的感受描述出来，这样一来既丰富了学生的生活实践，又提高了他们的口语交际能力。

三、模拟生活，创设交际情境

模拟各种生活情境能轻易激起学生交流的兴趣，如在学习能说会道《我心中的校园风景线》时，课前我要求学生寻找"我心中的校园风景线"，并且要按一定的顺序，抓住重点，认真观察，想清楚风景线美在哪儿，最后用相片或绘画的形式记录下来。上课时，我会这样模拟生活实际，创设情境："同学们，今天有来宾参观我们美丽的百年老校，请你当一回小导游，你会怎样介绍呢？谁会是今天的最佳导游呢？"这能立即燃起学生的说话兴趣，然后让他们在小组内拿着自己准备好的相片或绘画进行试讲，在充分交流的基础上按顺序逐一投影学校不同地方的相片或绘画，采用小组竞赛的形式评出"最佳导游"。

又如，在学习《劝说别人》时，这样模拟生活实际，创设情境："在老师心目中，我们班的同学口才非同一般，个个能说会道。现在老师遇到了几个特别棘手的问题，正好需要同学们的'口才'来帮助解决。你们愿意帮助我吗？"然后让几个学生逐一表演"小朋友在校园里摘花""有人在校园随便丢弃垃圾""有人在阅览室大声喧哗"等生活情景，激发大家劝说的欲望。

四、角色表演，创设交际情境

在中低年级的语文教材中，许多故事性很强、人物形象鲜明的课文，非常适合进行课堂表演。中低年级的学生天真活泼，有很强的想象力和表现欲，课堂教学中的角色扮演非常符合小学语文教学的特点和小学生的身心发展规律，特别受他们的欢迎，能充分调动他们的积极性，更是口语交际训练方面的有效途径，如教学《美丽的民间传说》时，课前先让学生以小组为单位，走访家乡，搜集一个自己喜欢的民间故事，并依据故事中的角色分别做好头饰，认真排练。上课时，进行"最美民间传说"评选，创设交际情境。各小组都演得精彩，说得生动，这不但复现故事内容，加深理解，更重要的是学生在演、评的互动过程中，使口语交际能力得到很好的训练。

语文是实践性很强的课程，应着重培养学生的语文实践能力，而培养这种能力的主要途径也应是语文实践。生活就是口语交际的内容，口语交际就是生活的工具。因此，教师要善于创设贴近学生生活实际的交际情景，让师生之间、生生之间互为对象，使学生在大量的交际实践中体会、掌握交际技巧，切实锻炼和发展口语交际能力，提高自身的核心素养。

培养口语交际能力　增强课堂教学实效

——口语交际课《介绍一种动物》教学反思

口语交际凭借听、说与人进行交流、沟通，它是语文教学中的重要内容，是一门全新的课程。《义务教育语文课程标准（2011 年版）》中指出：语文教学中的一项基本要求就是培养学生的口语交际能力。作为从事语文教学 20 年的教师，我们特别注重培养学生的倾听、表达和应对的交际能力，使学生能顺利地与他人进行交流。根据这种理念，我在口语交际课"介绍一种动物"教学设计时，力求充分体现"互动"这一特点，做了以下尝试，并取得了一些成效。

一、创设氛围，让学生想说

教育家陶行知说："要解放学生的脑子，使之能想；要解放学生的嘴巴，使之能说。"因为害怕说话，不想当众出丑，害怕一旦说错就被同学耻笑，这些问题成为不少高年级学生口语交际的障碍。所以，我把创设宽松的语言氛围、培养学生主动参与口语交际活动这两大要素放在首位。《介绍一种动物》的口语交际课，交际的内容是大部分学生感兴趣的，所以我把真正的小动物——小金鱼带到课堂上让学生观察。苏联教育家克鲁普斯卡娅曾经说过："在大多数情况下，学生完全不会观察，可以这样认为，因为他们的眼睛不是用来看，耳朵不是用来听。"而我们教师的任务就是教他们学会观察、倾听、感受。在出示课题后，我让学生拿掉盖住桌面的布，因为我事前已把全班学生分成八个小组，并且每一个小组的桌面上都摆放了一缸活蹦乱跳的小鱼。当学生揭掉幕布的一瞬间，都发出了惊讶声，学生的兴趣一下子被激发出来。紧接着我提出要求：学会认真、仔细地观察，在小组内说说你看到的小金鱼的样子。学生在这种环境下会越来越放松，从而激发他们相互交流的意愿，那么学生交流的主动性就被激发出来了。比如，"可爱的小鱼，头顶一束红缨，真像一把大扇；这条小鱼真可爱，它的眼睛圆溜溜的，像两颗乌黑发亮的宝石；有些小鱼的眼睛像戴了一副眼镜似的。鱼尾巴一摇一摆的，好像一把大扇子似的，游起来像一朵红霞。"随着老师的相机引导，学生们畅所欲言，课堂气氛非常活跃。

二、训练能力，让学生能说

（一）形式多样，说得活

1. 用语言调动

比如，我在教学"口语交际"《介绍一种动物》时，会先出示一段小金鱼被困的视频，再用富有感染性的语言为学生创设情感画面：如果同学们认真观察小金鱼，并说出小金鱼的样子就可以打败怪物，把小金鱼解救出来。这样一下子就充分调动起学生学习的积极性，所以他们都能兴致勃勃地投入口语教学中。

2. 利用多媒体教学

同样是在教学"口语交际"《介绍一种动物》时，将小金鱼被困、解救小金鱼需要完成的任务和小金鱼得救后的喜悦制作成课件，并通过电脑呈现，然后投放到屏幕上，通过多媒体教学声像并茂、视听结合，再配以直观的图像，明亮的色彩，动人的音响，引发学生的注意，发挥学生的想象力，让学生快速地找到情感共鸣点，使学生畅所欲言，尽情地表达自己。

（二）指导精当，说得好

由于网络和电视的冲击，学生的阅读量严重不足，加之生活经历不多，积累少，口语交际能力就弱，在表达时经常会出现颠三倒四或者叙述很多与主题无关的情况。例如，当很多学生都纷纷说出金鱼背上有什么，眼睛是什么形状的，尾巴像什么，我就引导他们：谁能把刚才同学说的句子串起来说一遍，就可以把小金鱼救出来了。刚开始大部分学生都是把小金鱼的各个部位分开来介绍，组织语言时缺乏连贯性。作为教师，这时就要及时引导：介绍小金鱼，你得抓住小金鱼最有特点的部位说，看这条鱼，最明显的特征是_____（眼睛鼓起来），这就是它的特点。再看小金鱼的肚子，特点非常明显，可以不说。出示：两只眼睛_____，就像_____。借助屏幕上的"词语花篮"，学生在小组内自由交流，互相说话、聆听、纠错、补充。出示"词语花篮"的目的是避免有些学生阅读量比较少，词汇贫乏，语言能力也随之变差的问题，它能帮助学生更好地把小金鱼的外形说清楚、说生动，同时还可以使学生主动积极地参与口语交际实践。有的同学说："小金鱼身穿着黑白相间的大摆裙，两只眼睛大大的，像两颗小弹珠镶嵌在小脸蛋上，可爱极了。肚子圆滚滚的，总是吃得饱饱的样子。尾巴如同扇子一般，在水中来回摆动，显得特别迷人。"还有同学这样说："金鱼很漂亮，其中的一条金鱼浑身是黑色的，鼓着一对圆滚滚的如同宝石般的大眼睛，穿着五彩裙一样的尾巴，游起来一扭一摆的。"

三、传授方法，让学生会说

（一）教师示范

俗话说"言传身教"，教师说话的质量，直接影响着学生的说话质量。首先，我们老师的语言交流技巧会成为学生模仿的标准。上课时老师要做到口齿伶俐、用词得当、条理清晰，让学生在潜移默化中学习交流技巧。其次，学生要有准备地说话，根据每一节口语交际课的主题发言，我在教学《介绍一种动物》时，让学生把小金鱼的样子、动作、习性连起来说一说时，我会强调发言要求：①有礼貌；②有条理地把金鱼的样子、动作、习性说清楚、说具体。让学生知道口语交际的发言要有中心、有条理、有层次。

（二）实践锻炼

以活动为载体，加强学生的口语交际训练。比如，我们学校每年都会举办读书节。读书节内容丰富，有全班参与的诵读《三字经》《弟子规》，个人经典诵读比赛，个人讲故事比赛，等等，这些都是提高学生口语交际水平很好的平台。除此之外，我还会在每节语文课前让学生课前一诵；在综合课上让学生上讲台说一句名言，读自己最好的作文片段，说说自己近来最难忘的事，等等。这样的实践活动，不仅激发了学生交际的兴趣，帮助他们积累了交际的素材，而且丰富了他们的生活，让他们有话可说。

四、善用评价，让孩子乐说

课堂提升环节是评选"最佳动物小卫士"。比如，指名学生上台介绍自己喜欢的小动物时，当学生用到了小狗会……会……还会……的句式，我会马上向全班同学对发言的同学进行肯定和表扬，这样对听的同学来说也能学到一些说话的技巧，让学生了解评价别人的发言时首要的是用欣赏的目光去看待，学会尊重他人。还有一个同学介绍小猫时说："小猫会在我写作的时候跳上我的书桌，跑到我的稿纸上，啄我的笔尖，我见了，绝不会责打它，只会用手抚摸它那细腻的绒毛。"学生们会说："真想成为你手中的那只猫，能获得主人这么多的宠爱。"还有的会说："你实在是太会观察了，短短的几句话就把一只小猫说得特别生机勃勃。"还可以引导学生采用积极的评价法，如鼓掌法、激励法等。通过这些富于情感的评价，使发言的学生树立自信心，勇敢表达自己，其表达就会越来越流利！

小学生的口语交际能力，不但是他们成长中的主要部分，而且是我们语文教学中的一项重要任务。作为一名小学语文教师，我们应该在课堂教学中运用多种方式与途径，培养他们的口头交际能力，引导他们敢说、会说，让每一个学生的个性都充分地张扬，让口语交际真正融入其生活。

在口语交际课中提升学生的语文学力

口语交际课是语文教学中的一个重要板块。以往，我们不太注重口语交际课，上得比较随意，因而学生对口语交际课缺乏兴趣。如何把口语交际课还给学生，让学生能快乐地说呢？在实际教学中，我们要创设自由、平等、积极的学习氛围，以生为本，将口语交际课还给学生，让学生在口语交际的天地里，充分施展自己的才华，让学生快乐地说话、快乐地学习、快乐地成长！成为要学、会学的主人翁！

一、抓好教学准备，让口语交际教学科学有序

古人曰："凡事预则立，不预则废。"叶圣陶先生也曾说过："在精读指导前，得先令学生预习。"可见，课前预习是非常必要的。想上好口语交际课，想让学生畅所欲言，在课前，教师就要准备好相关的教学材料，学生也要准备好有关的说话内容。这样，在课堂教学中，教师才能有的放矢地引导学生说话，学生才能有话可说。

例如，教S版（语文出版社和十二省小学语文教材编委会共同编写的教材，简称S版）课标语文教科书四年级下册百花园六"能说会道"中的《应该怎么办》这节课时，我预先编好一份导学案：让学生搜集描写人物内心活动的词句段；回忆在生活、学习中自己受到委屈的一件事和当时的心情；回忆你使别人受到委屈的一件事和当时他的心情，知道委屈了别人，当时自己是怎么做的？

这份导学案在前一晚发给学生，让学生明确说话内容，带着问题回忆自己经历过的事，把学习的主动权还给学生。正是因为有了课前的准备，所以学生在课堂中有着强烈的说话欲望，踊跃发言，在讲述过程中才能言之有理，言之有序，说得精彩。

二、营造良好的口语交际环境，激发学生的口语交际兴趣

布鲁纳说过："学习的最好刺激，乃是对所学材料的兴趣。"只要学生对话题感兴趣，他们就会全身心投入，积极主动交际。因此，要想让学生开口说话，就必须激发学生对话题的兴趣，引起学生说话的欲望，再鼓励他们大胆地说，自由地说，这是上好口语交际课的前提。

那如何激发学生的兴趣呢？我们可以选择学生喜欢的话题。在口语交际课中，《义务教育语文课程标准（2020年版）》建议我们要贴近生活，融入生活。学生对自己经历过、感受过的事感兴趣，他们非常乐意去说，而且还说得多、说得好。我们教师要走进学生的生活，深入了解他们，感受学生的感情，积累交际素材。

例如，《应该怎么办》这节课，一开始我先让学生观看一个视频，而这个视频源于班中发生的一件事：这天，卫生委员和一个女同学在课间争吵，我详细一问，原来是卫生委员冤枉这个女同学乱丢垃圾，这个女同学非常委屈。

这是学生在生活中经常会遇到的事，我灵机一动，把这个过程拍摄下来，作为本课的导入，引出话题。这个视频直接取材于学生的实际生活，非常接地气。看了这个视频，学生对这个话题产生了浓厚的兴趣，话匣子也随之打开了，因为是学生所经历过的事，他们有发言权，交际信心增强，所以学生积极参与讨论，大胆地发表自己的意见。

三、尊重学生的主体地位，让学生主动参与到口语交际中

口语交际不是少数学生自我表现的舞台，而是全体学生参与的大舞台。《义务教育语文课程标准（2020年版）》中强调："学生是语文学习的主人。"口语交际课也要突出学生的主体地位，尽可能多地满足所有学生的交际需要。教师要把实际任务交给每一个学生，让所有学生都感受到自己身上的责任，然后放手让学生充分展示自己，每个人都积极主动地参与交流，从中体验自信和交际的乐趣。

（一）利用小组合作交流，让每位学生都有机会说

《义务教育语文课程标准（2020年版）》指出："要注重培养学生自主探究的能力。"根据这一理念，在教学《朋友相处的秘诀》时，我让学生明确听和说的要求后，引导学生回忆生活，想想自己是怎样和朋友相识的，想想自己与朋友相处的故事，学生犹如回到了真实的生活中，有感而发，有话可说。接着设计小组学习活动，学生在小组中无拘无束地交流。由于在小组中大家是平等的，有共同的话题，能够激发学生强烈的表达欲望，调动其内心真实的情感，找到情感共鸣点。学生在小组中互相讨论、自由表达、自由发挥，想办法解决问题。同时，这样做有效地提高了学生的语文学力。

在小组活动交流中，教师要注意对学生进行合作方式的引导，教育学生不仅要清楚明白地表达自己的意思，而且要学会倾听，适当地补充，确保小组交流，组织好，出成效。要引导学生就某一问题，大胆地发表自己的意见和建议，经过讨论，要么能达成共识，要么保留不同意见。通过交流评议，学生懂得扬长避短，在今后的交际活动中学会不断改进，提高语文学习能力。

（二）精心创设多种情境，锻炼学生口语交际能力

李吉林教授说过："言语的发源地是具体的情境，在一定的情境中产生语言的动机，提供语言的材料，从而促进语言的发展。"只有创设多样的口语交

际情境，引导学生入情入境，使学生在这种氛围中自由地进行口语交流，课堂才会生动有趣，学生才会敢讲、会讲、善讲，才能有效提高口语交际能力。

1. 角色表演，创设情境

课堂上让学生上台进行表演，具有直观性、形象性，同时还有其独特的魅力。教师可以选择贴近学生生活，学生熟悉的、喜爱的游戏或者简单的对话，也可以学生间的互助为主要内容进行表演，或根据课文内容演绎情景剧等，形式灵活多样。

在S版课标语文教科书四年级下册百花园六"能说会道"中的《应该怎么办》中，在学生明确了受到委屈或者委屈别人的具体做法后，出示学生生活中的两种情境，学生和同桌分角色表演，再选择其中的两个同学展示。展示时，演的学生表情、动作到位，表达清晰；听的学生津津有味，使这节课焕发出生命的活力，碰撞出智慧的火花。这种角色表演的体验活动，不但进一步激发了学生的交际兴趣，而且让学生的综合能力得到进一步提高。

2. 模拟生活，创设情境

生活是口语交际的源头活水。再现生活中的情境，让学生置身于模拟的情境，容易使学生有一种似曾相识的感觉，从而引起学生口语交际的欲望，激发其口语交际的热情，促使其进入交际的情境中。

在教学《转述》时，我设计了一个情境：本学期，我们班开展"诵读经典活动"，请你们的父母双休日带你们到书店买一本《弟子规》。请你把老师的要求转述给爸爸妈妈。

这在学生的生活中真实出现过，课堂上教师模拟生活，创设情境，让学生回归生活，学以致用，使学生身临其境，有感而发，有话可说，这样做也体现了口语交际工具性的特点。

3. 实物展示，创设情境

语言与思维紧密相关，思维是语言的核心，语言是思维的外壳。小学生的形象思维占主导地位，为了能吸引学生的注意力，激发他们的观察欲望，课堂上进行直观、形象的物品展示，不仅能启迪学生的思维，而且能促进其语言能力的发展。

4. 语言描述，创设情境

运用语言描述，创设交际情境是一种易操作又实用的方法，教师用富有感染性的语言为学生创设情感画面，能使他们积极主动地融入角色，学生在听的过程中，结合有关的情境积累，借助想象，丰富交际情境，做到言之有物，言之有序，言之有情。

四、结合学生生活，积极创造实践机会

丰富多彩的生活给口语交际教学提供了活水源泉，极大地锻炼了学生口语交际能力。因此，口语交际教学不应该仅仅局限于课堂，还要渗透于各个学科及校园生活的各个方面，让学生在动态的、生活化的、实用化的氛围中大胆地进行口语交际。此外，除教材编定的口语交际外，还可从课内向课外、从家庭向社会延伸。多渠道、全方位的口语训练能够提高学生的语文学力。

（一）利用课间交流，进行交际训练

学生的课间交流是一个锻炼交际能力的好机会，教师可以引导学生在课间交流，进行对话训练，并要求他们做到说流利、有条理、说准确，并注意说话的语气和礼貌。久而久之，学生就会在交流中不断纠正错误，提高说话质量，养成良好的说话习惯。

（二）利用各种活动，锻炼口语交际能力

根据小学生好动、爱说的特点，教师要有计划地开展一些知识性与趣味性相结合的活动，使口语交际教学常态化、系列化。例如，开展演讲朗诵比赛、故事分享会、说说心里话、好书大家读等活动。学校也会经常组织有意义的活动，当学生还沉浸在活动的快乐之中，意犹未尽时，教师可乘机组织学生把活动过程中自己最快乐的感受说给大家听。这样，学生有话可说，个个兴趣盎然，都想"一吐为快"。这时，教师提示学生说话要有条理、用词准确、语言要流畅等，长此以往，学生的口语交际能力就会得到提升。

（三）利用突发事件，进行即兴说话训练

生活中经常会发生意想不到的事，学生往往会对这些事充满好奇心，这时教师可以组织学生进行即兴说话训练。

（四）留心生活，在用中学

生活是一个大舞台，它为学生的成长提供了充足的养分。我们应该让学生留心生活，观察生活，从中汲取营养，在交际中积累语言，学会交际技巧。例如，父（母）亲节到来时，让学生对父（母）亲说几句祝福的话；春节期间，让学生向亲朋好友拜年；招待客人时，让学生和客人对话；等等。除此之外，还可以鼓励学生在外面玩时，留意身边的人和事，学学别人是怎样与

他人相处交流的，如去超市购物、去图书馆借阅图书等和别人交流。

在语文课程改革的今天，我们教师必须以生为本，转变观念，改进策略，将口语交际课还给学生，点燃学生口语交际的欲望，激起学生口语交际的兴趣，拓展学生口语交际的空间，教会学生口语交际的方法，让学生在口语交际中真正活起来、动起来，让口语交际真正融入学生的生活，培养学生口语交际的能力，从而提升学生的语文学力。

走进作文教学·聚焦学力习作

关注"语用"，让习作应用能力喷薄而出

——以统编版四下第五单元《海上日出》教学为例

《义务教育语文课程标准（2020年版）》明确指出："语文课程是一门学习语言文字运用的综合性、实践性课程。"这明确告诉我们，学习语文的重点在于语言文字运用。贯彻落实课标精神，就应该把课堂教学的落脚点放在语言文字运用上面，引导学生抓住相关词句进行听、说、读、写、思，在扎扎实实的语言文字训练中提高学生的语文能力。现以统编版四下《海上日出》教学为例，谈谈在课堂教学中如何借助语言文字运用能力的训练，提升学生的习作应用能力。

《海上日出》是统编版四下第五单元的第一篇精读课文，语文要素是"了解课文按一定顺序写景物的方法"，习作要求是"学习按游览的顺序写景物"。本单元通过学写游记，培养学生描写景物的能力，同时学习按一定的顺序写景物的方法，引导学生观察自然，留心身边的美。《海上日出》按照早晨太阳变化的顺序，描绘了海上日出的壮观景象。作者从日出时的颜色、光亮、位置等方面进行描写，着力刻画了太阳在海面下、出现小半边脸、跳出海面、发出光芒的四个画面，条理清晰，特点突出，旨在让学生通过课文学习，领悟"按一定顺序写景物"的方法。

一、夯实语用基础，习作能力初露"小半边脸"

字词是阅读、写作的基石，也是语文学习的基石。《海上日出》一课中有

9个要求掌握的生字，四年级的学生已经具备一定的自学能力，如果生字教学还保留低年级的教学模式，就会既费时又低效，我们必须根据学生的特点，突破常规的生字教学，在学生基本上把握了生字读音的基础上，选择随文识字的方式，着力对他们进行语言文字运用的训练。

教学片段：

师：同学们，"一刹那间"是什么意思？

生："一刹那间"是指十分短促的时间。

师：我们把词语放到课文的句子中，再读一读，你感受到了什么？

（出示课文的句子）"一刹那间，这个深红的圆东西，忽然发出了夺目的亮光，射得人眼睛发痛，它旁边的云片也突然有了光彩。"

生："一刹那间"写出了太阳的变化非常快。

师：它与句子中的哪些词语相对应？

生：它与句子中的"忽然""突然"相对应。

师：还可以换个词语表达吗？

生：一瞬间。

生：转眼间。

生：一眨眼。

师：同学们积累的词语真丰富。那我们在生活中遇到过哪些情景也是变化非常快的？用上"一刹那间"说说。

生：突然，烟花飞上天空，一刹那间炸开了朵朵礼花。

生：天空突然乌云密布，雷电交加，一刹那间，大雨哗哗地倾泻而下。

师：你们不仅理解了"一刹那间"，还学会了运用，真不错！

再如，文中"然而太阳在黑云里放射的光芒，透过黑云的重围，替黑云镶了一道发光的金边。"一句中的"镶"字，学生不易理解它的意思，我们可以借助图片，如用一块铂金镶边的玉石坠子与句子相对应的插图对比，让学生观察并理解，太阳发射的光芒就像铂金加在玉石坠子的周边一样替黑云"镶"了一道发光的金边。然后通过品读句子，让学生体会作者用一个"镶"字就把太阳的威力刻画了出来，描写得极其准确、生动，它使我们感受到黑云背后的太阳要冲破黑云的势力，给读者留下了宽广的想象天地，从而引导学生明白在写作中要生动、形象地写出景物的特点，就要仔细观察，准确用词。

二、揣摩语用关键，习作能力负重"努力上升"

《海上日出》课后练习第二题"读句子，注意加点的部分，想想这样写有什么好处"，旨在引导学生抓住关键词，揣摩按顺序写景物的表达效果。

教学片段：

师：海上日出是一个变化的过程，作者从哪几个方面来描写日出的变化呢？请同学们自由朗读第三自然段，边读边思考：作者从哪几个方面描写日出的变化？

生：作者是从形状、颜色、位置、亮光等方面描写日出变化的。

师：那它们是怎样变化的呢？请快速浏览第三自然段，小组合作找一找、说一说。

（学生根据课文内容汇报，老师相机板书）

形状：小小半边脸—圆东西。

颜色：红是真红—红得非常可爱—深红。

位置：努力上升—冲破红霞—跳出海面。

亮光：没有亮光—发出夺目的亮光。

师：日出过程中，太阳就是这样不断地变化，老师想和你们合作读读这段话，感受太阳的变化。（师生合作朗读第三自然段）

师：你觉得这段话中哪句最精彩？

生：我觉得"太阳好像负着重荷似的一步一步，慢慢地努力上升，到了最后，终于冲破了云霞，完全跳出了海面，颜色红得非常可爱。"这句话写得最精彩。

师：这句话写了什么？能用简洁的话来概括吗？

生：这句话主要写太阳上升的过程。

师：那作者是怎样把太阳上升的过程写具体呢？请同学们比较着读一读这组句子，你认为哪句写得最精彩？为什么？

（出示对比句子）

（1）太阳慢慢地上升，到了最后，终于升到了海面上。

（2）太阳好像负着重荷似的一步一步，慢慢地努力上升。到了最后，终于冲破了云霞，完全跳出了海面，颜色红得非常可爱。

生1：我认为第二句描写得更好。因为作者运用了拟人的修辞手法，写出了太阳上升过程的艰难。让我感到太阳就像一个背着重重的背包爬山的人，虽然很吃力，但却坚持不懈地往上爬。

师：拟人手法的运用，不但使语言更优美，而且更生动地描绘出太阳冲破重重阻力，坚持不懈，艰难上升的情景。（你能带着你的感受读一读吗？）

生2：我也认为第二句写得好。从"负着、一步一步"可以看出太阳上升得很艰难、很吃力。

师：你能抓住关键词语来理解课文，这是一种很好的学习方法。你能带着自己的感受来读一读吗？

出示加点句子：

太阳好像负着重荷似的一步一步，慢慢地努力上升。到了最后，终于冲破了云霞，完全跳出了海面，颜色红得非常可爱。

师：请注意加点的部分，想想这样写有什么好处？

生：加点的部分都是表现太阳位置变化的词语，生动地写出了日出过程中太阳的变化。

师：是呀，海上日出就是这样一个不断变化的过程。我们抓住这些重点词语边读边想象画面，感受一下太阳的变化吧。

小结：同学们，我们在描写景物时，也要像巴金爷爷那样通过抓住景物发生的变化，生动形象地表现景物的特点。

课文的语言是学习的范例，是学习语言的例子，阅读文本语言，这个教学片段从内容的理解向语言的运用转变，引导学生思考文本写什么，怎么写，为什么要这样写。再通过句子比较，让学生感受语言表达的多姿多彩，区分语言表达的差异，领悟精妙遣词造句的特点。学生在学习作者的语言表达、运用技巧时，通过语言文字运用的训练，让其习作应用能力如同太阳负重上升般逐步得到提高。

三、习作语用融合，习作能力奋力"冲破云霞"

叶圣陶先生提出："教材无非是个例子……"这告诉我们，阅读教学不仅仅是教教材，读懂教材内容，更重要的是要凭借优美生动的教材，让学生感受语言的精美，学习如何运用语言。在教学过程中，教师要充分挖掘教材在表达上的特点，引导学生进行仿写，学习作者运用语言的方法。

教学片段：

师生配乐合作朗读课文第三自然段，感受日出的变化。

师（小结）：海上日出是一个动态过程，作者按太阳变化的顺序，抓住了颜色、光亮、位置变化，刻画了太阳在海面下、露出小半边脸、跳出海面、发出光芒的四个画面，让我们如同身临其境，眼前浮现了一轮喷薄而出的红日之景。

师：日出如此壮观，日落又会是怎样的景象呢？我们一起来欣赏欣赏吧。

（播放《日落》视频）

师：谁来说说你看到的日落是怎样的？

生：我觉得日落非常迷人，它也在不断地变化。

生：我发现日落时，太阳的形状、颜色也发生了变化。

生：我看到的日落过程很快。

师：同学们都观察得很仔细，没错，日落也是一个不断变化的过程。今天通过学习《海上日出》，相信你们已经跟巴金爷爷学到按一定的顺序写景物的方法，现在我们也动笔描绘一下日落的景象。动笔前先想想日落变化的顺序，再仿照课文第三自然段把你看到的日落景象记录下来吧。

（展示学生作品，结合文本点评）

师：除了日落，生活中我们还看过哪些不断变化的景象？

生：傍晚时分的晚霞是不断变化的。

生：夏天下雨前后也是有变化的。

……

师：同学们都有一双善于发现的眼睛，真棒！这节课，我们通过品读巴金爷爷的《海上日出》，初步掌握了按一定的顺序写景物的方法，课后我们还要继续练习按一定的顺序写自己熟悉的景物。

统编版四下习作单元的主要任务是按游览顺序写一个地方，培养学生按顺序写景物的能力。教师应该牢牢把握单元教学的中心任务，每一部分的教学都要围绕这一关键能力的培养展开。在教学中，教师要注意引导学生弄清作者写作时的思路，引导学生掌握文本的表现手法、写作方法，找准读写结合点，扎实进行语言文字训练，并启发他们在日常生活中寻找写作素材，这样才能真正做到读写结合，丰富写作技巧，让他们的习作应用能力"冲破云霞""跳出海面"。

总而言之，阅读教学不能只停留在对文本内容的理解、感悟上，还要凭借文本的内容，采用多种形式，引导学生领悟作者语言文字表达的方法，并在课堂上练习运用语言，在阅读中学习写作，学习语言文字的运用，才能让学生的习作应用能力如骄阳般喷薄而出。

拨开迷雾，让前进的风帆在习作中曼舞轻扬

——浅谈小学生作文起步教学

作文是学生运用语言文学主观能动地反映客观现实，表达思想情感的过程。小学生最头疼的事情就是写作文了，每遇一题，往往是抓耳挠腮，挖空心思，有时寥寥数语，"短小精悍"，有时"下笔千言，离题万里"。

究其原因，主要有以下几点：①因为整天被关在教室里，学生原本想象丰富、思维活跃的童心，缺乏了生活之水的灌溉，闭门造车使他们的作文无话可说，只能东拼西凑，写出来的东西往往苍白无力，毫无生趣可言，甚至闹出笑话。②三年级的作文训练是以写片段为重点，要做到怎么说、怎么写，能把片段写具体，写清楚。现实中教师对起步作文要求过高，不仅要求达到规定字数，把作文字数当作评价作文的一项重要指标，而且用成人的眼光看待学生，一开始就要学生写完整的文章，初学写作文的学生往往会出现错别字多、语句不通、条理不清楚等情况，揠苗助长只会让学生产生畏难情绪，这样必然使其对作文的兴趣减退。③在指导学生写作时，有些教师总喜欢引着学生跑，牵着学生鼻子走，想说的不给说，给说的不愿说，只会用自己的笔写老师的话。这样束缚了学生的思维，限制了他们的言论自由。那么我们该如何帮助学生轻轻松松跨过进入写作这一道高高的门槛，让学生爱上写作呢？

一、让阅读叩启天赋之门

《义务教育语文课程标准（2011年版）》明确指出，作文教学和阅读教学

要密切配合。在阅读教学中要引导学生学到作者观察事物、分析事物、遣词造句、连句成段、连段成篇的写作方法。在作文教学时要引导学生把从阅读中学到的基本功，运用到自己的写作中去。教育家叶圣陶说："知识是教不尽的，工具拿在手里，必须不断地用心使用才能练成熟练的技能，语文教材无非是例子，凭这个例子要使学生能够举一反三，练成阅读和作文的熟练技能。"因此，我们可以把每一篇课文都当成作文的例子来讲，从写作的角度入手，帮助学生厘清作者写文章的思路和线索，这样运用范例，在潜移默化中学生就了解了写作的一些方法和技巧，也会进行几句话或一个小片段的小练笔。

例如，小学语文统编版教材三年级上册习作单元，有些课文的结构很有特色，对学生写作时谋篇布局、安排结构，很有借鉴意义，如在教学《搭船的鸟》一课时，我以描写翠鸟外形的段落为教学重点，先让学生通过不同形式的品读去感悟，发现作者主要抓住翠鸟外形的几个突出部分，按照一定的顺序进行描写，并且展开了丰富的想象，将一只机灵可爱、活灵活现的翠鸟展现在读者面前。然后抓住这个契机让学生进行片段仿写，把习得的方法运用到写作中，练习写一种自己最熟悉的小动物的外形。学完整篇课文后，我再让学生回过头来读课文，通过讨论，让学生领悟描写小动物时，外形描写很重要，但其生活习性、活动情况的描写也不可忽视，因为只有抓住不同方面的描写才能让读者更进一步地了解自己写的小动物。在学生对这类习作基本技巧有了初步的印象后，对课文《金色的草地》的学习，再次引领学生感受作家们丰富的思想感情、独具匠心的语言风格、新颖独特的选材，学生在品读感悟的过程中，渐渐萌生驾驭语言的信心。

与此同时，语文课堂还应该把读书的时间还给学生，"读书百遍，其义自见"，充分地、多种方式地读，遇到优美的词句段，还要努力背下来，不要让那些美的词句段沦为匆匆过客，而是在学生的脑海中留下永不磨灭的印象，"润物细无声"，积累的语言，习作的方法自然就渗进了学生的心田，如学了古诗《宿新市徐公店》后，有的学生在写大扫除的场景时竟能语出惊人：儿童急走追飞蛾，飞出窗外无处寻。此外，教师要经常向学生推荐适合学生阅读的文学作品、优秀作文选和科普读物等非文学读物。阅读文学作品，重在提升学生的文学素养；阅读优秀作文选之类，让学生在写作上受到启迪；阅读非文学读物，以开阔学生的视野，帮助学生积累知识，为习作准备好必要的素材。

二、让快乐载满习作之舟

（一）浅化入门，培养动笔兴趣

心理学家研究表明，小学三年级前后是小学生学习兴趣分化的转折点。因此，要充分利用低年段学生学习兴趣还没有分化的特征，培养其对作文的兴趣，在学生对句子的认识有一定的积累，拥有一定的识字量和动笔写字的基本能力时，引导他们写简单的日记，当然要求不能太高，应该是最基本、最简单的练习，并多发现他们成功的地方。例如，一个刚刚学过的词语的运用，一个富于童趣的句子，一个其他学生都不知道的生字词，这些细小的地方，老师都应及时给予赞扬鼓励，久而久之，学生就会乐于动笔，畅所欲言。

（二）快乐作文，点燃创作之花

传统的作文教学如出一辙，首先，教师根据教材，创设情境，出示命题；然后审题明确本次习作要求；其次，利用各种手段出示例文讲解写作思路，畅谈作文技巧，引导学生分析例文，学习例文写法；最后，学生模仿例文进行写作。这样的组织形式单一，在固定的时间和空间里，教师讲，学生听，忽视学生的主体地位，作文教学如同一潭死水，毫无生趣可言。

作文是生活的产物，生活是创作的源泉。教师要有意识地让学生观察各种各样的事物，领学生走进大自然，让他们留心观察周边的事物，并对其指导，并让他们将所见所闻记在本子上。记得上学期有一天遇到一场罕见的冰雹，冰雹夹着暴雨，打在教室的窗户上噼里啪啦，风越刮越狂，操场四周的大树都前俯后仰，蒙蒙的水汽像烟雾，整个校园白茫茫的一片，七米以外的东西全都看不清楚。我立刻停止了授课，领着学生利用各种感官去观察、体会，一些冰雹蹦进教室来，学生像发现新大陆似的马上捡起来，如同宝贝一样捧在手心，有些还用舌头去舔。冰雹停了，学生仍兴奋得手舞足蹈，滔滔不绝地发表演说，争先恐后地叙述他们的所看所感。这样无拘无束、有滋有味、头头是道的说话训练，无形中使得学生的作文已水到渠成，然后我就让他们把刚才所说的话有条理地写下来，这样一篇篇精彩的小作文就出现在学生的作文本上了。可见，作文教学应尽量为学生的自主写作提供有利的条件和广阔的空间，减少对学生写作的束缚，鼓励学生大胆说真心话，要自由地表达，还可以有创意地表达。

三、分层指导，呵护起步幼苗

即使我们已经很努力地改革作文教学的模式，但学生参差不齐的写作水平在无形中增加了教学的难度。为了大幅度提高学生的作文水平，我针对学生的情况，进行分层指导，如就同一题目，我会对全班学生提出不同要求。因为过高的要求会使中、差生畏难，过低的要求又会让优、中等生觉得无味，他们可能因缺乏激情而敷衍了事。例如，三年级上册第八单元的作文，要求学生用"那次玩得真高兴"为话题开展一次活动，并把是怎么玩的用一段话写下来。我就分层提出了下面的要求：对写作功底比较深的学生我要求他们努力做到构思巧妙，注重细节（如玩的过程中的动作、心理活动等）描写，写出真实的感受。对中等生则帮助他们列出写作提纲，并要求他们记叙玩的过程要完整，层次要清楚，做到详略得当，写出自己的感受。对于写作水平还比较低的学生，我只要求他们写一段话，写清楚怎么玩的，语句基本通顺，用上恰当的标点符号，甚至给他们提供了填空文，难度降低了，学生也能轻松地写作，写下来的文段也基本做到通顺、意思明白。我觉得对于写作指导，老师应该更偏向能力偏低的孩子，只要先指导他们使第一篇文章达到要求，初步体验到成功的喜悦，感受到成功的一点"窍门"，让这种良好的心境随即产生积极的写作效果，再通过面批的形式，指出不足后，让学生重新誊写一遍，力争改正不合要求之处，这样坚持训练，其写作水平也能逐日提高。

总之，作文起步教学，任重而道远，我们应努力给学生拨开重重迷雾，让他们前进的风帆在习作中曼舞轻扬。

抓细节提升语文写作能力

——浅谈小学作文教学中细节描写的指导策略

细节是刻画人物形象、叙述故事情节、表现心理特征的一个最直观和有效的写作手法。运用恰当的细节描写，不但可以让人物形象更加丰满，还可以让故事情节更加打动人心。所以，教师必须要求学生在写作的时候，适当地进行有效的细节描写。

教师在指导学生写作时，提的最多的就是要把作文写具体、写生动。进入高年级以后，学生的写作水平虽有所提高，但不少学生仍然停留在基本交代清楚事件的来龙去脉上，平铺直叙现象比较严重。追根究底，是学生缺乏观察能力，在写作时忽略了细节描写。针对上述情况，教师对小学作文教学中的细节描写要有必要地提供指导策略。

一、借阅读之活水，悟细节之美好

语文教材中选取的课文或情节生动，或描写优美，在运用细节描写的时候，也往往能够发挥准确地实现刻画人物性格和推动故事情节发展的作用，所以，教材中的这些课文是教师指导学生进行细节描写的有效素材。

例如，散文《匆匆》，有很多的细节描写。作者把生活中的场景或者片段娓娓道来，诉说了时光的流逝带给自己心灵上的震撼，于细微处回扣课文的主题，让读者在作者细腻敏感的笔触中，感觉到时光的稍纵即逝。作者用全身心去感受时光的流逝，引起人的深思，唤起人珍惜时间的意识。

这样的课文精彩之处随处可见，如反复刻画、强化细节的课文有《慈母情深》；巧妙用词、写活细节的课文有《山雨》；展示场面、描绘细节的课文有《开国典礼》；等等。如果教师放手让学生自己从课文中寻找各类细节描写，能够让学生从学习引申到实际操作中，就可以激发学生运用细节描写的兴趣，拓宽写作思路，提高学生的写作兴趣、写作信心，使学生笔下的人物形象更加鲜明，使其作品更具有感染力。

二、重平日之积累，厚细节之资本

俗话说，巧妇难为无米之炊。"薄发"的资本靠的是"厚积"，所以，学生平时的积累尤为重要。在小学语文学习阶段，学生的积累主要从以下三方面来进行。

（一）课内积累

课本上的文章都是精华，里面有很多妙语佳句，教师可以让学生在学习课文的同时，把这些语句吃透，转化为自己的积累，为之后的作文提供更多的素材。

57

（二）课外积累

课外读物是学生的第三只眼睛，教师应带领学生涉猎更广泛的内容，开拓更宽广的视野。教师可以给学生推荐一些文学名著，让学生不断扩充自己的文学资料袋。

（三）背诵训练

有些学生自认为看过很多书，但还是提笔没词，造成这种现象的原因是，学生虽然读书，但是不求甚解，更没有把书本上的内容化为己有，大多是走马观花式阅读。针对这种情况，教师可以在每节课上课之前提供几个精彩片段，让学生抄录背诵；还可以每周专门安排一节课的时间来供学生诵读，特别是《义务教育语文课程标准（2020年版）》推荐的古诗文诵读篇目，可以帮助学生打下坚实的语言文字基础。

三、观事物之细枝，捕细节之源头

事物的细枝末节要靠学生调动全身的感觉器官来进行体验，这样才能写出生动感人的细节。在进行感受的时候，不能孤立地进行，教师可以引导学生调动起全身的感觉器官，从听觉、视觉、触觉等方面入手，观察事物的不同方面，感觉事物的不同层次，并把这种感受及时、准确地记录下来。例如，"雪停了，风也渐渐止住了脚步。我轻轻地推开窗户，被眼前这美丽的白雪世界震撼了。大地张开手臂，小心翼翼地展示着它的新衣服，生怕一不留神被人弄脏了；田野里，几株绿油油的青菜头顶着毛茸茸的雪帽，朝你眨巴眼睛；大树也变老了，长出了白花花的胡子，正在梦乡里漫游呢！等到他醒来时，一定会大吃一惊：自己怎么一下就变老了呢？叽叽喳喳的小鸟在树上欢乐地跳跃，时不时就用小嘴啄一下大树，似乎在说：'快醒醒！快醒醒！不要错过这美妙的雪景！'"

这位学生调动起全身的感觉器官去感受，通过看、听、想、感，在观察中融入感情，用心感知联想，使丰富的情感与生动的具象自然融合，使文章立体、真实，但又不失生动。

四、撷词汇之精巧，绘细节之灵动

在进行细节描写的时候，要选用准确、恰当的形容词、动词等。对人物描写来说，年龄不同、身份不同、行业不同，人的言行完全不同。所以，一定要对所描写的对象进行细致入微的观察，然后选择最适合他们的词语来进行描述。例如，下面的一段话，就用了准确、生动的动词，描写了一个体形比较胖的同学的体育活动。"只见他深吸一口气，脚用力向上一蹬，手中的绳子也跟着脚有节奏地挥舞起来，在地上发出'啪啪'的响声。他身上的肉也随着节奏一颤一颤的，尤其是他的大肚子似乎也不甘示弱，使劲地'上蹿下跳'。可跳了还不到80个，他便大汗淋漓，不停地喘着粗气，原本轻快的脚步沉重地砸着地，我们似乎能感觉到大地都在颤抖。但看到其他人都在奋力地跳时，他便又鼓起信心。'145，146……150！'终于到数了，他累得瘫倒在地上。"文段通过"吸""蹬""挥舞""颤""上蹿下跳""砸"等动词，把一个体形胖的人跳绳时的状态表现得淋漓尽致，这正是细节描写的神奇之处。

"一滴水可映出太阳的光辉"，细节描写虽然所占的篇幅不大，却能为整篇文章增色。因此，教师必须要加强对学生作文细节描写的指导，引导学生学会捕捉细节，描写细节，用细节之花点缀文章之园！

微课模式下小学语文作文教学的优化教学策略

微课教学以微视频为依托，通过网络共享平台促使学生利用微视频进行自主学习，且每一个微视频都围绕一到两个知识点录制，时长在10分钟以内，所以学生可以利用碎片化时间完成自学任务，使其集中精力突破个人认知缺陷。其中，在写作教学中，每个学生都有可能面对不同的写作问题，而微课教学模式更能满足小学生的写作学习需求，促使小学生实现个性化发展。因此，语文教师要主动利用微课教学模式来组织写作教学，稳步提升学生的写作能力。

一、以微课切入写作预习，引导学生自主搜集写作素材

大多数情况下，小学生都会在单元教学结束之后按照教师要求按时完成写作任务，但是有相当一部分学生没有写作灵感，且并未搜集丰富的写作素材，所以选择简单堆砌的现成材料，出现了"千篇一律"的写作问题。对此，

小学语文教师可以利用微课资源组织写作预习活动，明确写作任务，归纳写作技巧，鼓励学生自主搜集写作素材，由此改善其写作思维。

例如，在习作《小小动物园》一课教学中，我就针对写这类文本的常见写作技巧录制了微课，全面讲解了描述人物形象的几种书面表达方式，结合范文介绍了塑造人物形象的写作要点。同时，我还重点介绍了比喻修辞的使用方法，由此布置了写作任务，即学生需自主搜索动物资料，思考其形象特点，由此展开比喻表达，通过描写某种动物的行为活动来展现具体动物的形象特点。接着，我上传了这一微课资源，鼓励学生自主完成写作预习任务，使其初步把握写动物的必要技巧，整理动物与人行为特征的相关资源。

二、以微课创设写作情境，引导学生产生写作灵感

创设课堂情境最初是为了引导学生自主建构知识意义所制定的一项教学策略，目的是要通过直观情境来唤起学生的情感经历，使其带着情感参与学习活动。在写作教学中，创设写作情境可以有效优化学生的写作灵感，切实发挥学生的想象力与创造力。因此，小学语文教师要利用微课创设写作情境，优化学生的写作思维，使其产生强烈的书面表达意识，促使学生自觉完成书面表达任务。

例如，在习作《多彩的活动》一课教学中，我就设计了一个情境类的微课，通过视频展现了常见的校园活动，如文艺活动、运动会等各种各样的班级活动。在作文课上，我播放了微课片段，由此唤起了学生对各类活动的回忆。接着，我让学生自主描述令其印象最为深刻的活动，使其用口语表达描述活动经历。接着，我继续播放了微课的后半段，即关于叙事活动的书面表达方式，归纳了写作技巧，由此引导学生自主制定写作大纲、规范语言表达方式。如此，学生就可顺利完成写作任务。

三、以微课完善作文评改，引导学生自主修正作文内容

作文评改教学活动可以让学生清晰地把握个人写作问题，自主修正书面表达方式，可以有效提升学生的写作能力。但是，写作活动本身就是十分自由、开放的个性化创作活动，每个学生所表露出来的写作问题都不同，所以小学语文教师可以利用微课资源引导学生自主完成作文评改任务，使其自主反思写作得失，由此归纳有效的写作经验。

例如，在习作《写信》一课教学中，我就让本班学生通过写信的方式阐述自己的心里话，由此训练了他们的写信能力。为此，我专门录制了一个关于信件结构、写信的书面表达方式、信件语言特点分析等写作技巧的微课，让学生自主利用微课进行写作反思，让他们对比自己所写的信件内容，自主修改书面表达方式。接着，我审阅学生作文，客观分析小学生在写信活动中出现的具体问题，结合微课内容监督学生进行二次修改，使其切实掌握了写信的各项书面表达方法。如此，则可有效优化学生的写作经验，使其写作水平进一步提高。

总而言之，在小学语文写作教学中利用微课教学模式创新写作教学形式十分重要，可以有效改善学生的写作习惯，使其自主搜集作文素材，有效优化自身的写作思维与语言表达水平。因此，小学语文教师要客观分析微课教学模式对于写作教学的促进作用，切实优化学生的写作意识，提升学生的写作能力。

巧用作文微课培养学生的核心素养

相较数学、英语，当代学生对语文的学习略显敷衍，产生这种现状的原因之一是很多学生在认真听课、做练习之后学习成果甚微，难以调动学习的积极性，长期下去学生就会觉得"语文是一门很难有所收获的课程"。归根结底，学生学不会的原因还是对教学内容的把握不到位，课堂教学效率不高。在教育改革深入的今天，"微课"进入了课堂教学，作为教师，应该抓住这个时机，利用微课教学来提高语文的课堂教学效率。"凡事预则立，不预则废"，一节优秀的课堂教学要求教师必须认真研读教材、深入挖掘教材，精心设计教学流程和内容。在语文教学过程中，作文教学对于有效培养学生的核心素养起着重要作用。

一、选题简明，利用教学专题设计微课教学

课堂教学一定是围绕某个主题进行的，主题是微课之睛，选择一个合适

的主题是进行微课教学的首要任务，良好的选题可以帮助学生把握重点内容，提高微课的使用价值。教师在选取教学主题时，首先要依据课本教材的专题模块来设计主题，将知识系统化，避免知识点繁多、庞杂、零碎，学生学起来没有头绪，觉得盲目。其次是目标明确之后，再科学合理地分解，基于本班学情和教学实践经验小结，将教学内容的分解尽可能有条理、层次递进地细化。教师在选题时不必太过局限于教材表面的浅显内容，可适当进行挖掘，帮助学生加深对教学重点内容的理解。

例如，在习作《我的心儿怦怦跳》一课中，教师根据专题设置，首先明确本次课堂的主题是"心儿怦怦跳"，带领学生回忆那些令人"心动的瞬间"，从而深化教学内容；针对此次作文的选题"心儿怦怦跳"，让学生们立足于一些情感经历，作为学生写作训练的素材，因此，需要学生深刻体验生活，从生活中选取素材。教师在进行作文微课教学时，可以选取一些在生活中发生的例子，来引导学生们把握选题。

二、新课导入，利用微课调动学生的学习兴趣

微课课堂也需要构建层层递进、环环紧扣的完整的课堂结构。课堂教学的导入环节宛如一篇文章的开篇，有趣的开篇导入会调动学生学习语文的积极性、主动性，激发学生的学习兴趣，改变学生不重视语文的现象，且课堂教学时间有限，教学内容既不可拖泥带水，也不能不分主次。因此，语文微课的导入不仅要简洁清晰，快速切入主题，而且要有趣味性，以此调动学生学习语文的积极性。

例如，在习作《写观察日记》一课中，观察是学生提高写作能力的一个重要途径。许多学生在写作中写不出有深度的文章，说明学生在生活中对于事物的观察还不够仔细，认识也不到位。因此，在这一课中，就要引导学生通过观察日记的方式来锻炼写作能力。在这一教学环节中，首先要讲明观察对于学生写作能力提升的重要性，从而快速有效地切入写作教学的主题。所以在开篇导入时，教师可以通过微课来阐明观察与写作的关系，从而让学生提高对于观察日记的重视程度。教师也可以通过分享一些有趣的日记，调动学生的学习热情，提高课堂教学效率。

三、创设情境，调动感官，强化微课教学效果

语文学习向来是学生学习难点之一，许多学生在认真听课、及时完成作业以及大量练习之后，其收获还是微乎其微。造成这种现象的原因之一是传统的语文课堂教学采取的是"满堂灌"的教学模式，语文教师在讲台上讲解重点词句，分析文章思想，品读作者感情，一个人讲得激情飞扬，学生被动地听讲，完全被教师的思维所牵引，缺乏学习主动性，在整个课堂教学活动中本末倒置。微课的出现有效弥补了传统模式的缺陷。在微课课堂上，教师通过多媒体教学设备，播放展示本堂课的主题视频，让学生在课堂上体验全新的视听效果，其生动的情景更容易将学生代入课文情境，大大提高教师授课的质量。

例如，在习作《推荐一个好地方》一课中，教师可以先提供一些地方的素材，进行举例，将这些素材分享给学生。最重要的是要让学生参与这一分享过程，让学生对这节写作教学课有更深刻的认识，从而优化课堂学习氛围，激发学生的学习兴趣，强化其课堂记忆，提高课堂效率。

四、突出重点，运用微课教学直击课堂主题

微课课堂和传统课堂一样，需要有完整递进的设计流程。小学生学习任务十分繁重，面对的难题较多，不论是微课课堂还是传统课堂，课堂内容都不能满堂灌输，不分主次，杂乱无章。语文教师在设计微课教学时，首先要明确本堂课的教学目标是什么，其次找到合适的主题，所有的教学环节都要尽量围绕一个主题、一条线索来设计，并且要深入挖掘课文内容，明确重点内容是什么，最后运用主线将重点内容串联起来，达到循序渐进的学习效果。

例如，在习作《写信》中，本节课的重点就是通过微课的方式突出写信的格式需要注意的问题，包括题目格式、文章抬头称谓格式、首段格式、正文格式以及最后的落款格式。所以在教学设计上，教师要明确本节课程的教学目标是教会学生严格按照写信的格式来进行写作练习。教师找准重点，通过一些关键词句引导学生仔细体悟，引导其明确本节课学习的方向和目标，使其学起来注意力更加集中，从而优化语文课堂教学效果。

五、拓展延伸，应用微课培养学生人文素养

语文教学是课程教学的首要任务之一，小学生的阅读、写作和表达的能力日趋熟练，身心发展也日益成熟，单纯的课文表层知识往往不能满足他们对知识的需要量，无法达到一定的高度，因此教师在设计微课教学时，不必局限于课本表层知识，可适当进行课外拓展学习，以此来丰富学生的知识储备和见闻，从而拓展思维的深度和广度，提高见解力，培养人文素养。微课的资源丰富，教师可以充分利用这些丰富的资源来延伸和补充课堂内容，这对于学生的语文学习具有十分重要的作用。

例如，在习作《我和_____过一天》一课中，学生要想将这个半命题作文写好，需要丰富的写作素材，在生活中积累和学习语文知识，将自己所要表达的思想不断充实，深化自己的思维深度。因此，教师在进行微课教学时，可以通过一些讲述《我和_____过一天》的视频短片素材，来打开学生的写作思路，从而在某种程度上丰富学生的素材，有效弥补传统教学方式上的不足，从而带给学生更好的学习体验。

六、培养人文素养

微课教学是一种新的教学模式，利用其丰富的资源，在现代小学语文教学中逐渐展示其重要影响，但其发展应用还不够成熟，需要我们教师根据自身的教学情况和经验小结，并结合微课自身的特点与独特优势，见微知著，深入挖掘微课的"微优势"，借助微课的"微效应"，不断探索改进课堂教学，打造高效的小学语文课堂。

浅议小学生作文素养的提高

从事语文教学的十几年里，我发现凡是作文素养好的学生，语文成绩大都比较理想，如众多语文老师的一句话：得作文者，得语文。因此，提高学生的作文素养是语文教学的重中之重。可是，在实际教学中，一说到写作文，

很多学生就会唉声叹气，表现出无奈、惧怕的心理。教师只能给学生找一篇范文，先在读中分析、讲解，然后让学生写，结果写出的作文千篇一律，众口一词，这就严重违背了提高学生作文素养的原则，更加不用谈学生的语文能力了。如何提高学生的作文素养呢？我认为可从以下方面着手。

一、在阅读中培养

读写自古是一家，会"拿来"才会有所提高。正所谓"不积跬步，无以至千里；不积小流，无以成江海"。因此，在习作教学中，我们应引导学生博览群书，读有益的书，通过阅读大量的词汇，积累习作的语言素材。除了向学生推荐有益的书籍、规定阅读量、安排阅读时间、组织阅读成果汇报等这些常用的方法外，还可以让学生选择自己最喜爱的好书，在认真阅读的基础上，把书的主要内容、思想意图、写作方法以及部分精彩语句进行摘录，制作成精美的读书卡片，贴在教室的"学习园地"，供大家参阅、交流，不断提供好书信息。每个月由学生自主评选出"最佳读书王"。这就提高了学生读书的积极性以及其选择好书的能力，培养了学生的作文素养。而且，通过大量的阅读，学生不仅掌握了写作方法，而且可以间接地获得一些写作素材。

另外，语文教材中的一篇篇文质兼美的文章也是练习写作的典范。因此，教师在讲授课文的过程中，必须充分挖掘每篇课文中可以训练的内容，引导学生在揣摩语言中学会表达。例如，S版课标语文教科书四年级上册第一单元《绿叶的梦》这篇课文中精彩的第五自然段，有描写动作的词，有描写颜色的词，还有比喻句、排比句，等等。在教学中，我先采用点拨指导的方法，引导学生在朗读和想象中感受用词、用句的准确性，指导学生学习作者观察事物、分析事物、遣词造句、连句成段的方法。接着让学生仿写运用了某种修辞手法的句子，最后出示"谁能学着这样的方法说一段话？"这样，学生在学习课文的过程中，一点一滴地积累了鲜活而准确的词句，之后便可以学以致用了。

二、在说话中提高

学生在读的过程中学习了大量的词汇，也略懂了一些写作方法，这个时候，就应当从提高学生的口头表达能力入手，循序渐进，逐步提高写作素养。说、写也是亲密的一家，由说到写，说说写写，有计划地进行训练。记得 2015 年 9 月，听张老师的一节尝月饼的作文课，她就是这样做的：先让学生观察月饼，然后引导学生通过几方面对月饼的外形进行描述。接着，让学生分吃月饼，指点几个学生把整个过程讲述清楚。亲身的体验，真实的感受，整个过程学生都积极参加，说得很活跃、很开心。而且，我注意到有的学生不经意间表达出更真实、更自然的思想感情，甚至脱口而出几句绝妙的句子。张老师的这一节课真是让我记忆犹新啊！

在作文课上，我学着张老师的方法，经常安排先说后写的训练。比如，教学"我家的感人故事"，让学生描述感人情节时，一定要一生说完，另一生进行评价，评出其中的好与不足，在无形中训练学生听的能力。我发现，这种方法不仅可以及时点评习作训练中出现的问题，而且可以使更多学生有机会向别人学习，从中受到启发，共同提高，有效地培养了学生的作文创造力。然而进行口头作文训练，只从作文课中挤出时间来训练是远远不够的，更难以实现每个学生都参与表达，不仅不能满足说的需求，而且不能满足听的需求。因此，我们可以另辟蹊径，抓住时机进行口头作文训练。

例如，每天下午的课外活动，我会用 15 分钟进行"说话演讲训练"。学生轮流参加，一人说一两分钟，没有内容限制，只要求不超时，可谈生活感受，可说精美片段，可讲小故事，等等，对于能力差一些的学生可让他们先写好演讲稿，再练说。每次活动结束后，评出两个"最佳表演奖"。我发现学生对这种新颖、简短、没有任何负担的训练形式喜欢得不得了，他们敢于、乐于、善于主动体验，积极性得到了很好的提高。

三、在观察实践中强化

鲁迅先生在回答文学青年"如何才能写出好文章"的问题时强调了两点：一是多看，二是多练。"多看"在这里是指多观察。小学生学习作文就应该从写真人、真事、真景、真物等开始，把真实的人、事、景、物等写清楚就值得表扬，而要写好这些真实的东西就是学生通过观察或实践得来的，如作文《我学会了_____》，不管是学会了炒菜，还是学会了溜冰这类的内容，如果没有亲身经历，是很难写出好文章的。这就说明，要写好文章，就要多观察、多实践。再如，前面提及张老师的那节课，也是通过把实物带进课堂，让学生观察、实践。

平时我教学《一次有趣的课外活动》或《一个难忘的游戏》这类习作时，

我一定会带领全班同学进行一次真实的体验，引导学生运用多种感官，加上内心的感受，全面透彻观察。为了激发学生的写作兴趣，我们还可以根据一些特定的环境组织有奖征文比赛，如当自己面临困难得到他人热情帮助时，写一封感谢信；当自己做错了事，或得罪了别人，或伤害了友情时，写《一件后悔的事》，表达自己的愧疚；"三八"妇女节前写《我为妈妈_____》；教师节写《难忘恩师》；等等。所有这些内容都是学生熟悉的生活，学生有话而说，有感而发，效果相当不错。

总之，作文教学想取得理想的效果并非一朝一夕的事。教师在教学中一定要鼓励学生用心感受身边大小事，指导学生从多方面学习、体验、积累。只有持之以恒，才能完成新课改对学生的写作要求。

学会自改，作文更精彩

——培养高年级学生自改作文能力的尝试

三分文章七分改。好文章是经过反复修改的。善于修改文章，对自身而言是一种能力，也是一种优秀的习惯。在他人看来，则是一种了不起的品德，一种卓越的人格魅力。《义务教育语文课程标准（2011年版）》明确提出：要引导学生自改和互改，取长补短，促进相互了解合作，共同提高写作水平。叶圣陶说过："培养了学生自我修改习作的能力，学生会一生都受用的。"由此可见，提高学生自主修改习作能力的意义非凡。我一直从事高年级语文教学，在作文教学中我努力提高学生自主修改习作的能力，大胆地进行实践，享受实践带来的乐趣，积累经验。以下是我在提高学生自主修改习作能力实践过程中的浅见。

一、激发兴趣，主动参与自主修改

通常情况下，学生完成习作后不愿自主修改，原因有两个：一是不知道如何去修改；二是认为写完交给老师，到时看到分数就完事了，根本没有修改习作的意识，认为修改习作就是老师的事。因此，常常处在"写—交—批—退—扔"的状态。为了改变现状，让全体学生主动参与修改习作，我得激发他们自主修改习作的兴趣才行。俗话说："兴趣是最好的老师。"奥伯尔也认为，认知基础和情感动力是有意义学习必须具备的两个前提条件。所以，调动学生自主修改习作的积极性是最根本的学习动力，是培养学生自主修改能力的前提条件。要想激发学生自主修改习作的兴趣，我认为首先要依靠老师的人格魅力和文化素养，以此来吸引学生。因为他们对老师的敬慕之情，会迁移到老师所教的语文学科上，对语文课特别感兴趣。教师要言传身教，用自己自主修改习作的实际行动去感化学生，赢得学生的尊敬，学生亲其师才会信其道。其次要依靠语文学科本身的魅力来吸引学生。可以根据学生的心理特点，通过讲"玉不琢，不成器""文成于改"等道理和介绍古今知名文学家（如王安石、贾岛等）经过多次锤炼，自主修改文章的事迹，让学生对自主修改习作感兴趣，调动起学生自主修改习作的积极性。还可以出示名人修改前和修改后的文章给学生看，让学生品读感悟，体会修改作文的精妙。例如，学生品读肖复兴的《一幅画像》一文是经过反复推敲修改后的文章后，出示原文中修改的痕迹给学生看，让学生充分感受修改文章带来的乐趣和成功感。最后，还要依靠学生本人所获得的成绩来吸引他们。在培养学生自主修改习作能力的过程中有对习作进行自主修改的就可以"加分"，让学生觉得自己的写作水平只有在不断的自我修改中才会有不同程度的提高，从而调动其自主修改习作的积极性。对学生自主修改习作后出现的优秀习作或精彩片段，可在小组内分享，小组还可以推荐优秀的习作在班上朗读，老师觉得优秀的习作可以推荐给学校的文学社或报社、杂志社刊登。这样，学生们通过自身的努力修改习作，老师为学生创建展示的平台，学生获得成功感，进而体会到修改习作带来的乐趣。兴趣爱好是发展学生智力的先决条件，是学生自主修改习作的直接动力，要调动学生自主修改习作的积极性，就得重视激发他们的兴趣。

二、授予方法，学会自主修改

学生刚开始修改习作时，还未具备自主修改习作的能力。达尔文曾讲过最有价值的东西就是有关方法的知识。因此，语文教师应"授之以渔"，让学生逐步掌握自主修改习作的要领。教师应把评改习作的权利让给每个学生，并引导学生动口、动脑和动手，把学生推到评改习作的主体地位。教师在作文教学活动中，应教给学生常用的自主修改和互相修改习作的方法，以提高学生自主修改习作的能力。于是我给学生一个宏观的标准来衡量每次自主修改习作所要达到的程度，使学生在评改自己和他人习作时有"法"可依，有章可循。这个标准就是：①书写是否工整、美观、洁净；②正确使用汉字、标点（用圈圈出错别字、错标点）；③用词恰当、贴切，词汇丰富（不当的词用改换符号改正，有好词就用"＿"画）；④语句通顺、流畅优美、有条理（病句改通顺，有好句就用"＿"画）；⑤内容是否真实、具体（人物的语言、动作等是否具体，可以用添加符号增加内容），符合作文要求，表达真情实感；⑥详略是否得当，详写处能否突出中心。以上六项是基本要求，并分配好分数，另外，根据具体习作要求而定，如应用文格式是否正确；想法独特，想象丰富的可以加分；等等。

有了标准，学生就知道改什么，具体又是怎样做的呢？这时我教给学生修改作文的具体步骤：要求学生在充分"读"习作的过程中认真修改，首先总体浏览一遍习作，重点要看记叙述的顺序是否正确，事情的前因后果是否交代清楚，发现错误，及时调整不合理的地方，等等。其次细读习作，删掉文中不必要的文字或句子中冗余的部分；增补欠缺部分，如加上动作、神态、语言、心理活动等描写，把内容写生动具体，使情感表达更丰富；将用错的字词或标点符号一一改正，用上"改"和"换"的修改符号。最后反复诵读习作，通过有感情地朗读，利用语感感觉语句是否通顺，同一个内容，同一个意思，能不能换一个有时代气息的说法，或运用上已掌握的词语、句子及修辞手法进行修改润色，使文章锦上添花，朗朗上口，才算完成自主修改习作的任务。

常言道："喊破嗓子，不如做出样子。"在指导学生自主修改习作的初始阶段，我会根据习作训练的要求，选取一两篇典型的短文在大屏幕上展示出来，先引导学生集体修改，做出示范，然后让学生照着例子进行修改。我还会照顾不同层次的学生，只要学生敢于动手修改，我就大力表扬，鼓励他们能多改就多改。就这样由扶到放地引导学生修改自己的习作，在多次的示范引领下学生渐渐学会了修改。

三、反复训练，坚持自主修改

培养学生自主修改习作能力的整体训练从易到难，由浅入深，既要遵循学生认知水平的发展规律，又要体现知识、能力训练过程的系统性、渐进性。平时我针对学生的实际情况，从修改词句开始，随着修改次数的增加而逐步提高修改要求。同时，要让学生对修改习作时常保持一种新鲜感，修改习作的训练就得形式多样，可采用教师示范修改、师生共同修改、学生自主修改、学生间互相评改等形式。在这些形式中，我不是只使用一种，一般是根据实际灵活使用，也可多种方法混合使用。学生自主修改习作，有的会达不到最佳的效果，究其原因或是视野狭隘，或是看作文时只从自己的认知角度出发。正所谓："不识庐山真面目，只缘身在此山中。"采取互相评改的方法能收到出乎意料的效果。学生间可以交换各自的习作，根据习作要求和老师给的修改标准进行评议修改。事实证明，学生评改别人的作文时有一种强烈的责任感，能竭尽全力，反复琢磨，认真负责地帮忙改正。同时，学生间互相评改，扩大了交流范围，可以看到不同学生对自己作文的修改内容，也很有新鲜感。而且互批互改习作是一个合作交流的过程，可以快速发现自己习作中的不足之处，学习他人在构思、布局、文法方面的精妙之处，从中感悟写作方法。另外，自己文章中的缺点，一经同学评改后，也会清楚地知道问题所在。这样学生在互相评改的活动中，实现了优势互补，互相鼓励，共同提高。我会把不同程度的学生搭配成一个评改小组，让他们集体讨论评改方案，轮换做组长组织小组评改，由统一改一篇到交换批改。我还要求学困生根据常规训练要求评改，中等学生根据重点训练要求评改，优秀学生进行全面评改并完成评语。如此一来，不但让优等生提高了评改能力，也帮助中等生和学困生，使他们在评改中增加自信，对评改习作感兴趣。在互相评改的过程中，学生们集思广益，互相沟通，扬长避短，从而提高自主修改习作的能力。随着多种形式的反复修改训练，学生们自主修改习作的能力也就逐渐形成和提高了。

四、结语

"文章不厌百回改"，每一篇好的作品都是修改出来的。学生自主修改习作的训练是作文教学对学生进行全程训练的一个重要组成部分，是他们完善对事物的认识和表达的过程，只有注重对学生作文评改能力的培养，才能改变作文教学高耗低效的局面。经过几年的尝试，大部分学生反映良好，学生作文水平提高很快，学生们在作文中表现出积极的情趣——乐写、乐评、乐改。今后我将继续投身于课题研究，在作文评改教学中，我将更加完善教学方法，结合学生的年龄特点及心理状态，让学生自主修改习作的能力有更大的提高。

构建微信评改作文策略，提升学生语文素养

一、我们的教学现状

"文章不厌百回改，反复推敲佳句来。"对于刚步入写作之门的小学生习作更是如此。在我们的作文教学实践中，每周两课时的作文课，远远不足以指导全班学生进行作文评改，而且教师工作繁多，也不能对每个学生的作文一一进行细致批改，更不能及时反馈给学生。于是，我们的作文评改课通常显得异常仓促，成了一带而过的"走场秀"。每次写作之后，一般都是只有个别典型的作品获得老师充分的肯定、赏识或指点评改，大部分学生的作品均在默默中保持原状，佳作中的闪光处得不到赞赏，学生品尝不到成功的喜悦，渐渐就缺少了写作的动力；习作中的缺点得不到指正，缺少学习借鉴的榜样，就缺少了写作的助推力。久而久之，学生渐渐失去了写作兴趣，写作水平得不到提高，继而形成恶性循环。

二、义务教育语文课程标准的要求

《义务教育语文课程标准（2020年版）》认为，小学语文教学的目的是指导学生正确地理解和运用汉语言文字，使学生具有初步的听说读写能力，初步学会运用汉语言文字进行交流沟通，吸收古今中外的优秀传统文化，提高思想文化素养。这就向我们指明了作文教学的任务，是引导学生从学习语言向运用语言过渡，在学习如何运用语言的过程中，通过自主、合作、探究性

的学习，掌握语言表达的方式方法，提高语言运用能力和表达能力，从而提高学生的语文核心素养。

三、国内有关作文评改的研究现状及分析

在我国，从教育专家到一线优秀教师都已率先着手对作文指导和作文讲评教学进行大量研究，并已取得一定的成效。然而，这些研究，大多数都是针对发达地区的教学条件而开展的。要利用、普及其成果，受到诸多条件的限制，欠发达地区的我们只能"望成果而兴叹"。

信息技术的发展和应用，对教学所起的作用日益增强。城乡接合部的学生家庭普遍有电脑或智能手机，并且大多都使用微信，这为我们的作文评改提供了极为有利的平台。微信可以在课后的作文交流评改中大放异彩，使学生的作文评改突破传统的时空界限，为学生创造一个更加开放而宽广的作文评改空间，为优化作文教学提供有力保障。

四、基于微信的作文评改的特点及意义

基于微信的作文评改，就是打破传统的教师在学生作文本上进行的作文批改及课堂讲评形式，改为一种开放式的、在微信平台上进行的生生之间、师生之间，甚至是长晚辈之间均可以进行的作文欣赏、作文点评、作文修改活动。它的特点是具有开放性、及时性、互动性和实效性。

实施基于微信的作文评改活动，有助于激发学生的写作兴趣，使学生在评改中学习、积累写作技巧，在评改中提高写作能力，在评改中互相学习、互相启发，从而培养学生的学习能力、写作能力，有效提升学生的语文素养。

五、构建基于微信的作文评改的策略

（一）科学制定管理机制，合理分工，职责分明

线上的班级和线下班级一样，要健康发展并有利于学习，有效的学习小组管理机制必不可少。

学习小组可以根据学生的意愿自由组建。每个学习小组必须选出组长、记分员，还要民主制定小组学习公约，以便组织组员学习，更好地激发组员的学习积极性。学生必须实名制，方便教师线上监督和掌握学情。组长负责督促组内同学按时提交作业。记分员则根据每一次作业中组员点评、修改别

人作文的数量及质量和自己的习作获得同学好评的情况记分。每次作文根据积分多少，选出班里的"优秀读者"和"优秀小作家"并给予表扬奖励，以激发学生的写作热情和评改同学作文的热情。

（二）鼓励人人参与评改，建设开放性的作文评改大课堂

基于微信的作文评改，是开放的、人人参与的，每一名同学都可以阅读、点评、修改任何同学的习作；自己的习作，也可以让任何同学阅读和点评修改。同学们还可以邀请老师或家长对某篇习作进行点评和修改。通过多向互动，学生在对习作进行点评、修改的同时，互相学习、互相启发，借鉴别人的优点，提高自身的写作能力，还培养了在自主合作探究中学习的好习惯。

基于微信的作文评改，还应该打破时空界限。只要有学生把习作发送到群里，其他同学便可以马上进行点评修改。来不及做第一个读者的同学，也可以在稍后甚至第二天在别人修改的基础上再发表看法和提出修改意见，让自己成为那个"站在巨人肩膀上"的人。同样，对于在家里没有时间评改或改得还不满意的习作，在课堂上，还可以进行二次修改，以体现自己对待学习精益求精的态度。

（三）加强评改指导，提高作文评改的实效

"学生是学习的主体。"对于线上的作文评改来说，学生的主体地位表现得尤为明显。无论哪一种教学活动，都少不了教师。基于微信的作文评改虽然是自主的、开放的，但它却不是放任自流的。每一次的作文评改，都必须在教师的指导下有效地进行，才能取得更好的效果。

教师应该在哪些方面对学生进行指导呢？具体如下。

1. 指定评改内容

我们对学生的习作评改很难做到面面俱到，对于小学生而言更是如此。因此，每一次习作，都应该先让学生明确重点评什么，如评文章选材、评文章布局、评表达技巧、评语句的修辞等。

2. 教给评改方法

如何给学生的习作进行评改呢？因为作文评改的目的是鼓励学生大胆写作，同时通过评改培养他们运用语言的能力，所以评改作文时，应该遵循"先发现优点，再指出不足并帮助修改"的顺序。

通常，学生可以根据自己阅读习作后的感觉，对同学的习作给予肯定的评价，表扬其优秀的地方，使其得到肯定和鼓励，获得继续写作的信心和力量。然后，根据自己的理解和能力，帮助同学改正错别字，修改病句，把某个细节写具体，或者修改开头或结尾，等等。

至于修改的方式，可以告诉对方哪里怎样改，对于修改多的地方也可以复制原文，再作删除或修改，最后发送到群里。

3. 明确评改要求

基于微信的作文评改是开放的，人人可以参与发言的。不可避免，班里会有一些学困生的习作缺点较多甚至难以成文，可能会招来一些同学的不屑。作为教学活动的组织者，教师要让每一名同学都清楚：不管评改的内容是什么，也不管用的是哪一种修改方法，作为学习的一种方式，必须以合作探究为原则，以提高写作水平为目的，要用欣赏的目光去评价同学作品中的优点，用负责的态度去修改同学作品的不足，决不能嘲笑同学，更不能打击同学的积极性。

综上所述，基于微信的作文评改，就是要在一个管理机制完善的班集体中，在教师的指导下有效地开展开放性的作文评改活动的学习过程。它的有效实施，将给学生的写作注入极大的动力，为优化作文教学提供一个有力的保障，也为提升学生的语文素养提供了一个良好的平台环境。

在教改的滚滚浪潮中，我们可以先知先觉地引领潮流，也可以后知后觉地瞄准前沿苦苦追赶，但我们不允许自己不知不觉地落后。如何让信息技术更好地在作文评改中发挥作用，有效提升学生的语文素养，是一个值得我们深入探讨的课题，我希望能与同行们一起，锲而不舍地探索下去。

走进学力评价·凸显语文素养

核心素养下小学生语文阅读能力的评价

《义务教育语文课程标准（2020年版）》指出："具体包括阅读理解与表达在内的多方面的基本能力。"这说明了具备较高的阅读理解能力是作为现代公民必备的基本素质。而阅读能力的评价恰恰是提高学生阅读能力的有效手段，它能培养小学生的理解、评价和发散阅读等能力；能形成小学生必需的阅读积累；能培养小学生阅读的认知与非认知素质，在一定程度上促进了学生心智、情感、审美的提升。因而，评价小学生的阅读能力，要看其是否达成依据学科核心素养与小学生语文水平实际制定出的以下三大评价。

一、从朗读角度进行评价

（一）从视读角度评价

视读是我们在初步感知文章时所用的一种阅读方式，就是一边看一边读，经过初步的阅读，学生就能对文章内容有大概的了解，并能够初步把握文章的意义。阅读，小学生首先要做到在朗读时不需要用小手指着字一个个地读。在此基础上，做到读准字音，读通句子，做到不添字、不换字、不丢字、不重复、不磕巴。同时，朗读时还要注意停顿节奏，读好轻声，儿化，音变，等等。例如，"窈窕淑女，君子好逑。"（出自《诗经》）其中"窈窕"二字都为三声音，但是当我们朗读时，第一个音就变成了二声音，第二个音依旧读成三声音，这就是朗读中一种特殊的音变。再如，"昼出耘田夜绩麻，村庄儿女各当家。"（出自《四时田园杂兴》）就需要根据文义进行朗读节奏的划分。准确读音和断句是对诗句内容理解的前提。因此，视读评价就显得特别重要。

（二）从研读角度评价

研读主要是通过对文本的分析，明确文章的主旨，并进一步加以分析，进行判断、推理。研读是在视读的基础上对文本信息进行更为精细的阅读过程，因此我们在评价学生阅读时，要看学生在一次阅读后对文章主旨的把握程度，主旨把握是否准确将成为我们评价的一个重要恒定标准。例如，在读《乡下人家》一文时，我们要求学生进行读前审题，在读的过程中，能抓住文中的关键句子和词语进行体会，如在描写鸭戏水这部分，懂得抓住"游戏"和"不吃惊"去感受鸭子们生活得自由快乐，这种轻松、和谐的场景在农村是很常见的，因此在朗读时就要读出对乡村生活的憧憬、热爱之情。一遍阅读后能讲出文意的学生，其在研读方面的能力就比较高一些，所以在我们评价的过程中，就会把这一研读过程作为一个比较高的评分标准。

二、从阅读过程进行评价

《全日制义务教育语文课程标准（实验稿）》的评价建议是：形成性评价和终结性评价都是必要的，但应加强形成性评价，因为形成性评价是对阅读过程的一个最根本评价。在这一评价中，我们不仅看学生阅读之后的变化，还看阅读过程中的变化。因此，在评价中我们会单列一项阅读过程评价。

在我们对小学生抽样调查中发现，如今只有 15% 的学生在阅读中能做读书笔记，33% 的学生能进行摘抄。为使学生的阅读更切实有效，我们在阅读过程评价中单列了一项读书笔记评价方法，以起到强化和规范的作用。不同的文章有不同的优点，在评价中我们要依据不同的文章给予不同的打分标准，主要看学生的阅读文本过程中的摘录是否真正有价值、有意义，看学生摘录的原因是否合理，是否能够领会文本的中心，能否结合自身进行合理清晰的评析。对学生阅读过程的评价，还要看学生能否做到言简意赅地提炼文章的要点。在阅读中能否对人物进行准确的评价是我们评价学生阅读水平的一个重要标准。

我们采用学生小组之间互评加教师评价的双向评价方式。这样，阅读过程的评价不仅体现了学生的合作创新，还体现了教师的指导示范作用。在这一过程中，学生逐渐具备了适应终身发展和社会发展需要的必备品格和关键能力。

三、从情感态度价值观角度评价

在丹尼尔·戈尔曼的著作《情商》里提到了人类潜在的情感方面得到发展的重要性。情商包括激励自我，勇敢地面对挫折，控制冲动，使满意度持久，调整心情，不受外界影响地思考问题，等等，这些能力都是需要培养的，因此，我们在评价体系中要注入情感态度价值观的评价。

在评价中，我们通常采用问卷、调查、日记、成长档案袋等方式来记录学生的情感态度价值观的形成过程。例如，在学习《真理诞生于一百个问号之后》之后，学生究竟树立了怎样的一种世界观、人生观、价值观，我们可以通过学生的自我评价和问卷形式获得。因此，审美情趣的培养也应该成为我们语文教师教学过程中的一个重要评价方面。另外，在情感、态度与价值观评价结果的呈现方式上，我们也不能简单地打分，而应以语言描述的形式给学生更多的引导和启迪。

在众多语文阅读评价中，对情感态度价值观的测量与评价，直接影响到语文教学的质量，关系到学生的终身发展。因此，这一评价手段需要我们教师不仅有扎实的基本功，而且要有积极向上的道德情操、良好的审美情趣。这样才能对学生进行真实的评价，从而很好地促进学生综合素养的提高。

总之，阅读所能够反映的是学生包括朗读、阅读积累与情感态度价值观在内的综合性语文能力和素养，可以作为对学生核心素养达成程度及语文能力的高低进行评定的方式之一。但在实际的评定中，要进行适当的处理，使评定更有效、更准确。

核心素养下小学生语文学习能力的写作式评价

包括语言建构与运用、思维发展与提升、审美鉴赏与创造、文化理解与传承在内的语文核心素养是学科教学的出发点与落脚点，亦是进行教学评价与学生语文学习能力评价的主要内容和维度。但在尚无精准的大数据测试系统的条件下，传统的试卷测评与人为统计具有烦琐、低效且不准确的弊病，因此需要将测试范围缩小至一个能够体现出学生核心素养达成度的模块内。依据小学语文课程的主要内容，我们则可将此模块确定为写作，即在学生个性化的写作中，看其是否达成依据学科核心素养与小学生语文水平实际制定出的以下三大指标。

一、语言表达正确性与清晰性指标

"工具性"是语文学科的两大属性之一，是对作为语文基础的汉语语言本质功用的首要条件，亦由于此，"语言建构与运用"便成为学科第一大核心素养。在小学阶段，基于小学生普遍薄弱的语言理解与运用水平，在对其此维度的核心素养达成程度与学习能力的写作式评价中，我们应将"正确性"与"清晰性"作为两大主要指标。

例如，在主题为《我想对您说》的单元习作教学中，我则将此指标具体化为能够在书写和意义两个层面上正确地使用相应词语进行表情达意，语句组织清晰，行文顺畅，文本内容表达清晰。而后再去依此透过学生的写作，评价其"语言建构与运用"素养达成的程度、评价其在此方面的学习能力。例如，一位学生写道："妈妈，当您管理我们一家人的一日三餐时，我想对您说：'是什么让您这么辛劳却没有一点怨言'；当您不管风雨接送我上下学时，我想对您说：'是什么让您这么爱我，可是我总是惹您生气'……"透过此，则可看到这个学生在语句和行文清晰性上基本不成问题，即其具有很好的语感，但在具体的词语使用正确性上，却有待提高，如"管理一日三餐"中的"管理"换成"照料"，"不管风雨"中的"不管"换为"不论"，"可是"换成"即便"则更为妥帖。如此，教师即可明确每一名学生在此维度语言素养及学习能力上的强弱，进行针对性的指导提升。

二、思维展现深入性与严谨性指标

按照由浅至深的顺序，继"语言建构与运用"之后的第二大语文核心素养与学生学习能力评价的第二大维度则当为"思维发展与提升"。落实到对写作的评价上，则可确立为"思维展现深入性与严谨性"的指标，即写作思想是否深入、行为组织是否严谨。当然，面对思维能力还尚薄弱的小学生，此指标应降低为浅层次的"基本达成"。

例如，在主题为《我的心爱之物》的单元习作教学中，我将此指标具体化为能够写出心爱之物的特点及其为什么能够成为自己心爱之物的原因，融入自己的喜爱之情，文章的思路清晰，能够体现出自己的思维逻辑。以此评价其"思维发展与提升"素养的达成程度及此方面学习能力的高低。例如，一位学生对其心爱之物——一架钢琴，这样写道："它的身躯高大，但很优雅；周身全黑而严肃，但其音色却时而柔情，时而铿锵，时而轻快，时而沉重；因为这，我爱它，更因为我能驾驭它，它能感染我，因而我离不开它。"在此之后，则是散乱的意识流般地对自己记忆中的学琴片段的叙述。这说明，这位学生能够叙述大小、颜色等此类外在特点的物体特征，但思维却不严谨、不成逻辑而无法使文本有序可循，而这便是之后个性化教学的重点指导项（针对问题，写出具体的指导方法）。

三、审美创造健康性与美学性指标

"审美"相较于语言和思维而上升到了精神与情怀的高度，从而使"审美鉴赏与创造"成为语文学科的第三大核心素养，成为评价学生语文学习能力的第三大指标。面向审美能力还尚薄弱的小学生，在写作的评价上，此指标则可分化成健康性与美学性两个小指标。

例如，在题为《我和＿＿＿＿过一天》的习作教学中，我将此审美创造健康性与美学性的指标具体化为反映出来的思想情感必须是健康向上的；所描绘的意境图景能够具有审美性。以此来评价学生此维度核心素养的达成程度及此方面学习能力的高低。例如，一位学生的题目为《我和孙悟空过一天》，内容为其想要让孙悟空为他变出所有他想要的东西，带他去想去的地方，如手机、电脑、漫画书，去空中、国外等；在艺术性的意境创设上，却颇为精彩，如"只见孙悟空随手摘下一片云来，同我一起踩上去，叫了一声'飞'，我便渐渐远离地面，在烟雾缭绕的空中俯视着眼下壮观的人间大地，那时，我像是一个王者、像宙斯、像主宰万物的神……"即其在美学性指标上可达满分，但所反映的思想与情感还尚待欠缺（针对问题，写出具体的指导方法）。

总之，写作所能够反映的是学生包括语言、思维与审美在内的综合性语文能力和素养，是学生语文能力高低的评价方式之一。在对学生语文学习能力进行评价时，应该作具体化的处理，使评价更合理、更准确。

下篇

教学设计

核心素养视角·阅读教学设计

《虎口藏宝》

【教材分析】

《虎口藏宝》是S版课标语文教科书五年级下册第四单元第18课，是一篇精读课文。课文讲的是纳塔莉在十分危急的情况下，机敏地将陶瓷虎口里藏的宝物——胶卷进行调包，躲过了歹徒的搜查，保护了胶卷的故事，表现了纳塔莉的聪明、机智和勇敢。文章以宝物——胶卷为线索，写了"纳塔莉发现胶卷—陌生人搜查胶卷—纳塔莉藏起胶卷—歹徒抢走调包胶卷—威廉叔叔夸奖纳塔莉"等内容。

作者通过描绘人物的心理活动和动作来表现人物的性格特点，是本文在写作上的一个特点。课文编排旨在让学生通过阅读，领悟作者通过对人物的心理活动和动作的刻画来表现人物特点的写作手法。

【教学理念】

语文素养是学生学好其他课程的基础，也是学生全面发展和终身发展的基础，语文课程应致力于学生语文素养的形成与发展。本课教学设计特色是坚持学生的主体性原则，以学为中心，教师关注学生文本语言文字运用能力，让学生在品词斟句中获得知识，提升语文阅读能力，在抓好学生的语文基本功——多思、多读、多写的同时，对其进行文化思想的熏陶和道德情感的培养。

【教学目标】

1. 了解威廉叔叔为什么夸奖纳塔莉是个聪明的孩子，学习纳塔莉聪明、机智和勇敢的精神品质。

2. 领悟作者是怎样通过对人物的心理活动和动作的刻画来表现人物特点的写作方法。

【教学重难点】

引导学生读懂课文，了解纳塔莉在十分危急的情况下，能够机敏地将陶瓷虎口里藏的宝物——胶卷进行调包，躲过了歹徒的搜查，保护了胶卷的故事，体会纳塔莉的聪明、机智和勇敢。

【教学准备】

1. 布置学生利用导学单进行预习。
2. 多媒体课件。

【教学课时】

两课时。

【教学过程】

（一）复习导入

（1）同学们，这节课我们继续学习《虎口宝藏》，请同学们齐读课题。

（2）通过填空式练习让学生重温课文主要内容，教师相机板书。

课文主要写纳塔莉（发现胶卷），陌生人（搜索胶卷），纳塔莉（藏好胶卷），歹徒（抢走被调包的胶卷），威廉叔叔（夸奖纳塔莉是一个聪明的孩子）。

小结：像这种事情的起因、经过、结果都很明确的文章，我们可以运用要素合并的方法概括文章的主要内容。

设计意图：把握文章的主要内容是阅读的一项重要能力，本环节采用填空的形式，从浅易处入手，巧妙地给学生渗透方法，让学生逐步养成习惯，形成能力。

（二）精读感悟

过渡：通过第一节课的学习，我们知道纳塔莉通过琢磨威廉叔叔信里的字句，发现虎口中的宝物就是——胶卷。那在威廉叔叔的眼中，她是一个怎样的孩子呢？

1. 阅读思考

学生自由朗读课文，边读边思考。

2. 学生汇报

在威廉叔叔的眼中，纳塔莉是一个聪明的孩子。

PPT 出示：

（课文中心句）威廉叔叔简直惊呆了，连连摇着头，高兴地说："你可真是个聪明的孩子！"

（1）读了这个句子，你有什么疑问吗？（引导学生质疑：威廉叔叔高兴地夸奖纳塔莉，但为什么又"连连摇着头"？）

（2）让学生初谈理解。（威廉叔叔不相信纳塔莉能凭自己的聪明机智保住胶卷）

设计意图：鼓励学生提出自己不懂的问题，培养学生在阅读中主动质疑问难的意识。

小结过渡：究竟纳塔莉的哪些聪明举动让威廉叔叔不敢相信呢？

3. 自学课文，探究纳塔莉聪明之处

（1）请默读课文 1~35 段，用横线"——"画出表现纳塔莉聪明的句子，在旁边写上你的体会。

（2）小组交流，分享体会。

设计意图：在学生自读自悟的基础上组织讨论交流，通过同学之间的合作，把理解逐步引向深入。

4. 反馈交流，读中感悟

重点句子 1："胶卷算什么宝物呢？"纳塔莉想，"难道威廉叔叔是在同我开玩笑吗？他为什么又要让我再把它藏起来呢？"

（1）汇报句子，指名读准确、通顺，纠正"卷"字的读音。

（2）交流：哪些句子体现纳塔莉的聪明？（纳塔莉判断两个陌生人不是好人，立即想到要藏好胶卷）

（3）引导学生联系上文，分角色朗读纳塔莉、威廉叔叔以及两个陌生人的对话，在读中体悟纳塔莉是通过观察威廉叔叔的神态以及两个陌生人的对话判断两个陌生人不是好人，并迅速地做出藏好胶卷的决定。

小结：小小年纪的纳塔莉通过观察、思考果断地做出了藏好胶卷的决定。难怪，（PPT出示中心句，老师引读）威廉叔叔简直惊呆了，连连摇着头，高兴地说："你可真是个聪明的孩子！"

重点句子2："纳塔莉关上房门，眼睛拼命地四处搜索着。突然，她看见了自己的照相机，眼睛不禁一亮。她迅速取出照相机里的胶卷，把威廉叔叔的胶卷装了进去，然后把自己的胶卷塞进口袋。"

（1）学生汇报句子，指导读好长句。

（2）读一读两组句子，比较哪一段写得好，并说说理由。

（3）学生初谈区别（人物动作、神态描写细腻）。

（4）情境再现，营造紧张气氛，读中感悟纳塔莉的机智勇敢。

歹徒就要上楼了，把胶卷藏在哪儿呢？纳塔莉关上房门——引读（眼睛拼命地四处搜索着），藏在书架行吗？梳妆台可以吗？

歹徒就要上到二楼了，你们听（课件配急促的脚步声）纳塔莉关上房门——引读（眼睛拼命地四处搜索着），藏在写字台妥当吗？床头柜稳妥吗？枕头底下好不好？

脚步声越来越近了，歹徒就要来到门口了，纳塔莉关上房门——引读（眼睛拼命地四处搜索着）。

房门就要被打开了，纳塔莉的眼睛还在——引读（拼命地四处搜索着），突然，她看到了自己的相机，纳塔莉的眼睛——引读（不禁一亮），（重复强调）纳塔莉的眼睛——（不禁一亮）。

现场采访：纳塔莉，此时你想到了什么？（我可以拿威廉叔叔的胶卷和我相机里的胶卷调包，这样就能躲过歹徒搜查，保住胶卷了。）

（5）对，纳塔莉就是这样想的，于是她迅速取出——（全班齐读）照相机里的胶卷，把威廉叔叔的胶卷装了进去，然后把自己的胶卷塞进口袋。

就在这时，房门被撞开了，多险啊！如果你处在如此危急的情况下，你会怎么办？而纳塔莉在这么危急的情况下，还能想到如此绝妙的办法，可见她——（是一个机智勇敢的孩子）。

假如你是纳塔莉，面对如此危急的情况，你会怎样做？（与文本角色作对比）

小结：在这么紧急的情况下，纳塔莉还能想到如此妙计，你相信吗？威廉叔叔相信吗？可是纳塔莉做到了，真是让人觉得——不可思议（板书：不可思议）。

（PPT 出示中心句，老师引读）难怪威廉叔叔简直惊呆了，连连摇着头，高兴地说："你可真是个聪明的孩子！"

重点句子 3：纳塔莉背对着那个高个子，手里攥着胶卷，在陶瓷虎右眼眶鼓起的地方按了一下。老虎的嘴慢慢张开，纳塔莉一松手，赶忙把胶卷放进老虎口中。

（1）虽然纳塔莉把威廉叔叔的胶卷和自己相机里的胶卷调了包，但在惊慌中让歹徒发现了威廉叔叔的信，并发现了陶瓷虎（PPT 出示课文插图）。请同学们仔细观察插图，说说你看到了什么？

（2）训练学生看图说话的能力。

（3）回归课文句子，引导学生紧扣"背对""攥着""赶忙"等关键词语感悟纳塔莉的沉着冷静、机智勇敢。

（4）师生配合读第 27 自然段，再现纳塔莉的沉着冷静、机智勇敢。

小结：同学们，调包计成功了！当威廉叔叔知道胶卷并没有被夺走时，（引读中心句）——他简直惊呆了，连连摇着头，高兴地说："你可真是个聪明的孩子！"

是啊，事情的结果太让威廉叔叔感到不可思议了，他发自肺腑地夸奖纳塔莉，（再次引读）——你可真是个聪明的孩子！

设计意图：学生通过自主学习、合作探究，老师有的放矢地指导，让学生由感知文本到亲近文本，最后走入文本，最后习得有效的阅读方法，提高阅读能力。

5. 回归整体，明晰写法

（1）现在让我们回到故事发生的那一刻，再次感受纳塔莉的聪明机智。（分别出示文中描写纳塔莉心理活动和动作的句子，老师根据课文线索引读）

当她发现威廉叔叔的信时，纳塔莉：

然后她想到很多问题_____；

知道陌生人的目的后_____；

纳塔莉关上房门_____；

高个子逼迫纳塔莉打开陶瓷虎时_____。

（2）仔细揣摩文章的写作特点（通过描绘人物的心理活动和动作，表现人物的性格）。

（三）学以致用，写法迁移

小结过渡：是呀，作者通过抓住人物的动作、心理活动等细节描写，使纳塔莉的机智勇敢表现得淋漓尽致。那你们有没有遇到过什么紧急的情况或者紧张的时刻？当时你是怎么想的？又是怎么做的？

（1）口头简单交流。

（2）当堂练笔。

（3）展示交流。

小结：心理描写和动作描写运用得好的话，人物会更加鲜活、生动，老师希望同学们在以后的写作过程中能适当地运用这样的细节。

设计意图：在阅读教学过程中，穿插写作教学和写作片段训练，把语言文字的运用和对课文的理解有机地结合起来，着力培养学生的语文素养，体现语文实践活动的意义和价值。

（四）课堂小结，升华感情

同学们，纳塔莉面对歹徒，机智勇敢、沉着冷静地护住了宝物——胶卷。当我们遇到困难、危险的时候，我们要像纳塔莉那样机智勇敢、镇静从容，这样一切的困难都会迎刃而解。

PPT出示：

古罗马塞涅卡的名言：真金在烈火中炼成，勇气在困难中培养。

（学生齐读，渗透思想教育）

设计意图：叶圣陶先生说："学语文，就是学做人。"在语文教学中，我们既要教会学生知识，也要让学生学会如何做人、学会如何处事。

（五）作业布置

（1）与父母或同学合作表演故事。

（2）推荐阅读《墨子智斗鲁班》和《被绑架少年脱险记》。

（六）板书设计

87

《滥竽充数》

【教材分析】

《滥竽充数》这则寓言源于《韩非子·内储说上》，主要介绍了战国时期，南郭先生虽然自己不会吹竽，却混在行家中，没被发现。后来，由于没有真才实学，只得偷偷地逃走了。"滥竽充数"这个成语指没有真才实学的人混在行家里充数，或是以次充好，有时也用作自谦之辞。

课文短小，一读就懂。在教学中，要注重引导学生抓住重点词语来理解人物形象。让学生通过学习课文，认识到没有真才实学的害处，教育学生学习要扎扎实实，同时要告诫学生在生活中锻炼自己识别真假事物的能力。

【教学理念】

注重在师生互动、生生互动的过程中，引导学生主动学习，提高学生的阅读能力。在学生学习语文知识的同时，引导他们深入体会语言文字的言外之意，从而进行文化思想的熏陶和道德情感的培养。

【教学目标】

1. 要会认、会写生字词。
2. 能正确、流利、有感情地朗读课文，理解课文内容及寓意。
3. 懂得没有真才实学，蒙混凑数是不行的道理。
4. 能结合生活实际理解寓意，并体会成语的用法。

【教学重难点】

1. 有感情地朗读寓言故事，抓重点词语，深入理解课文内容。
2. 抓住描写人物的关键词句，想象人物的心理活动，体悟人物形象，结合自己的生活实际谈感想。让学生感受寓言的魅力，接受传统文化的熏陶。

【教学准备】

1. 布置学生利用导学单进行预习。
2. 多媒体课件。

【教学课时】

一课时。

【教学过程】

（一）游戏激趣，导入新课

（1）看图猜故事。

（2）说寓言特点。

（3）引出新课。

师：这节课我们再来一起学习一则寓言故事——滥竽充数。（师板书课题）请大家眼睛看黑板，举起手跟着老师把这个题目读一遍。好，一起来读读课题。（生齐读）

（4）读题释题。

设计意图：旧调重弹，引旧求新，让学生尽快适应并融入课堂。同时，巩固旧知，铺垫新知。

（二）初读课文，整体感知

（1）师：那么这个不会吹竽的人是怎样去凑数的？现在就让我们走进这个故事，请同学们自读课文，注意把字音读准，把句子读通读顺，边读边想，能不能把故事读成一两句话，即概括出主要内容。

（2）学习生字：滥竽充数、齐宣王、排场、鼓着腮帮、装腔作势、继承、齐湣王（随机抽查朗读，正音）。

（3）课文讲了一件什么事？能根据老师的提示说说吗？（什么时候一人物之间发生什么故事—结果怎样？）

小结：我们在概括文章主要内容的时候可以先找出故事的人物，看看他们之间发生的故事，然后串联起来就可以了。

设计意图：《义务教育语文课程标准（2011年版）》对中年段的要求是：能初步感受把握文章的主要内容。因此，在教学中，整体感知课文，是初读课文的一个重要环节。

（三）研读体会，感悟明理

（1）师：南郭先生在乐队里滥竽充数，可以从文中哪些句子看出来？请大家继续默读课文，在文中找出相关句子？（默读贵在边阅读边思考，要有一定的速度。）

PPT 出示：

演奏的时候，他就鼓着腮帮捂着竽眼儿，装腔作势，混在队里充数。

师：装腔作势，能换个词语吗？

师：那么具体体现南郭先生滥竽充数的句子是？

生：演奏的时候，他就鼓着腮帮捂着竽眼儿。

师：体现的动词是？动笔圈起来。（板书：鼓、捂）

师：大家也一起来做做这两个动作。为什么南郭先生在演奏的时候要鼓着腮帮捂着竽眼儿？

生：因为他怕被发现自己不会吹竽，要装样子，摆姿势。

师：我听出来了关键词：装、摆。装样子，摆姿势，就是装腔作势。

（2）师：他的鼓着腮帮捂着竽眼儿说明他在装腔作势。请同桌之间学着南郭先生的样子互相做做这个动作，然后再读给同桌听一听。

师：谁愿意上来扮演南郭先生，向大家展示一下自己的演员天赋，大家给他们配上朗读。

（3）师：谢谢这位同学的表演。你们来评价一下，这位"南郭先生"像不像？能不能"蒙混"过关？

（4）师：（问刚才表演的同学）"你觉得此时，你是南郭先生，你的心情是怎样的？你又是怎样想的呢？"

生：哈哈，太好了，竟然这么容易就过关了。

生：真是太幸运了，我就只是装装样子，竟然没人发现我根本就不会吹竽。害我刚才还紧张了老半天。

（暗自高兴、沾沾自喜、洋洋得意……）

（5）师：南郭先生为什么能混过一次又一次，却没有被人发觉呢？

生（齐读）：齐宣王喜欢听吹竽，又喜欢讲排场，他手下吹竽的乐队就有三百人。他常常叫这三百人一齐吹竽给他听。

师：齐宣王爱讲排场，喜欢大场面，让南郭先生有机可乘。混进里面，而且有很高的待遇。

（6）师：大家都很聪明。联系上下文去理解就是一种理解课文的好方法，我们以后学习课文可以多运用。呀，我们又得一个锦囊妙计。

（7）师：可是，好景不长。齐宣王死后，他的儿子齐湣王继承了王位，这个齐湣王喜欢怎样吹竽呢？此时的南郭先生怎么办？

创设情境：那天，南郭先生匆匆忙忙收拾好行李了，刚好要逃走，满头大汗的南郭先生遇到了之前跟他一起吹竽的伙伴。伙伴可能会问："＿＿＿＿＿＿＿＿"，南郭先生可能会回答："＿＿＿＿＿＿＿＿＿＿＿＿"。

师：是啊，这会儿我可为南郭先生担心起来了。你想呀，他现在再也不能滥竽充数了，用我们现在的话来说，就是失业了。你想对南郭先生说些什么，你想给他什么忠告？你想对齐宣王或者齐湣王说些什么呢？

设计意图：《义务教育语文课程标准（2011年版）》要求，能联系上下文，理解词句的意思，体会关键词句表情达意的作用。引导学生圈画关键词句，寻找矛盾的聚焦点，进行细读、比较。注重文本情境的创设与营造，聚焦人物，在引导学生感知故事的过程中强化体验，体会其语言动作背后的心理活动，进而把握其性格特征，寻求理解寓言的突破口。

（四）联系生活，深化寓意

（1）师：同学们都知道每一则短小的寓言故事背后蕴藏着深刻的道理，《滥竽充数》这则寓言也不例外。我们来掏一掏这节课的第四样东西。你觉得从这则故事，我们可以得到什么启示？（做人要有真才实学。）

（2）师：只要同学们留心观察，你不难发现在我们身边有许多"滥竽充数"之类的事情，也有像南郭先生一样的人。我们一起来"寻找我们身边的南郭先生"吧。

例如，上课时，老师问："会背诵的请举手。"结果大家都齐刷刷地举起手来。背诵时，有的同学只是跟着动动嘴巴，却没有发出声音，在那里滥竽充数。

设计意图：让学生与文本中的人物、与生活中的人物进行对话，将学生对寓言的感知逐步引向深入，挖掘隐藏在寓言后面的"言外之意"，实现对周围生活现象的再认知。

（五）成语运用，加深理解

师：这则寓言流传了两千多年，这个成语也被人广泛运用。现在，"滥竽充数"这个成语就是出自这个典故，所以，做哪一行一定要有哪一行的真本事才行啊！滥竽充数有三层含义：①比喻没有真才实学的人混在有才学的人群中欺骗别人；②比喻以假冒充真的，以次冒充好的；③用来表示自谦，说自己的水平不够，只是凑数而已。

读句子，你读懂句子中"滥竽充数"的意思了吗？

（1）同学们说《佳作精选》中的文章都很好，我读后却发现《红苹果》这篇文章是滥竽充数。（以次充好）

（2）学校举行合唱比赛，冬冬还没学会这首歌，但他却滥竽充数地排在了队伍里。（不懂装懂）

设计意图：学习的目的在于运用。在不同的语言环境下，词语的意思有可能会发生变化。通过本环节，引导学生将词语迁移运用于语言实践中。

（六）板书设计

滥竽充数 {
宣王—三百人齐奏—混
湣王———一听之—逃
}　　　虚伪必定原形毕露

附：

《滥竽充数》导学单

一、我会读（给下列带点字注音）

齐宣王　　　技艺高超　　　编写　　　装腔作势

二、我能辨

超（　　）　　编（　　）　　腔（　　）　　混（　　）

起（　　）　　偏（　　）　　控（　　）　　棍（　　）

三、我会理解

滥竽充数：＿＿＿＿＿＿＿＿＿＿＿＿＿＿＿＿＿＿＿＿＿＿

装腔作势：＿＿＿＿＿＿＿＿＿＿＿＿＿＿＿＿＿＿＿＿＿＿

四、我能补充

课文主要写战国时期，齐宣王喜欢＿＿＿＿＿＿，南郭先生＿＿＿＿＿＿；后来齐湣王继承王位，他喜欢＿＿＿＿＿＿，南郭先生＿＿＿＿＿＿。

五、回答下列问题，将答案写在横线上

（1）找出文中描写南郭先生滥竽充数的句子读一读，演一演，并说一说他为什么要这样做？

_____

（2）南郭先生为什么能滥竽充数？

_____

（3）你想对南郭先生说什么？从这则寓言，你得到什么启示？试寻找身边的南郭先生。

_____

_____

（4）想象南郭先生逃走后会发生什么故事？试续写《滥竽充数》这个故事。

_____

_____

《狐狸分奶酪》

【教材分析】

《狐狸分奶酪》是部编版语文教科书二年级上册的一篇精读课文。课文讲的是狐狸给两只小熊分奶酪，最终奶酪全进自己肚子里，突出狐狸狡猾的本性。这个故事告诉我们，同伴之间斤斤计较，就会让别有用心的人有机可乘。文章以奶酪为线索，写了"小熊哥俩捡到奶酪—狐狸帮分奶酪—小熊哥俩对分的奶酪不满意—狐狸的狡辩"等内容。

【教学理念】

语文教学应该"删繁就简"。删烦琐细问，设计具有启发性和探索性的问题；删定义说明，引入视频直观认识事物；删内容概括，开展多元朗读落实阅读实践；删词语解释，借助动作演示掌握词语用法；删造句练习，创设情境进行口语交际训练，要简单教语文，有效学语文，真实用语文，让语文课散发出真正的语文味道。

【教学目标】

1.认识"酪、捡"等12个生字，会写"奶""咬"字，联系生活实际，理解"哥儿俩、拌起嘴、嚷着"等词语的意思。

2.分角色朗读课文，了解"笑了笑"所隐藏的含义。

3.了解课文内容，懂得同伴之间相处不要斤斤计较。

【教学重难点】

1.通过联系生活实际、做动作等方式理解词语的意思。

2.采用多种形式朗读课文，读懂课文内容，懂得与人相处不要斤斤计较，计较太多会失去更多的道理。

【教学准备】

1.要求学生利用导学单进行预习。

2.多媒体课件，做小熊和狐狸的头饰。

【教学课时】

两课时。

【教学过程】

（一）图片导入新课

（1）前面我们已经学习了《狐假虎威》这个故事，狐狸给你留下了什么印象？（狡猾）是呀，狡猾的狐狸又来了，它又会有什么鬼主意呢？今天我们来学习第22课。

（2）板书课题，读题。

（3）看奶酪图片，正音奶酪，读题。

过渡：瞧，奶酪是一种用牛奶、羊奶制成的营养又美味的食品，看清它的声母，跟我读（先读奶，再读酪，整个词语读），一起读（课题读好了，赶紧来读读课文吧）。

设计意图：图片导入，直观理解，激发学生的学习兴趣。

（二）初读课文，了解大意

过渡：先看读书要求，朗读课文：一字一字读正确，一句一句读通顺。读完坐端正，举手告诉我。明白了吗？

1. 强调读书姿势，按节奏去读书

过渡：打开书本第100页，（PPT出示：读书姿势图），像屏幕中的小哥哥一样，身体坐正，脚放平，双手拿书，向前倾。我们班的学生真会学习。好了，按自己的节奏去读书吧。

表扬：听了你们琅琅的读书声，生字宝宝迫不及待地跳出来了，赶紧跟他们打声招呼吧。

2. 学生字

过渡：自由读一读，不认识的生字，借助拼音，多读几遍，开始读吧。

PPT出示生字栏的生字—自由读（**表扬**：生字宝宝你们都认识了吗？它们想邀请你们一起去玩分奶酪的游戏）—PPT出示3块奶酪，让学生自由挑选学习。（瞧，屏幕上有三块奶酪，挑选你最喜欢的那块，把它们找出来交个朋友吧）

预设奶酪1（不贪心，选最小的）：

选奶酪—PPT出示生字：捡、拌、瞧—读—理解（全读对了，这三个都是表示什么的呀？）动作（说得可好）—听指令，做动作理解（通常表示动作的字和词，都可以用动作做出来，小嘴巴不出声，听老师指令做动作，我说停，你们就要停，明白吗？）瞧（小眼睛瞧的真仔细，停）、捡（都在弯腰，伸手捡呐）、拌（拌得可卖力了，拌什么呀？）—表扬动作做得好—齐读。（这三个生字送给你们，齐读）

预设奶酪2：

PPT出示藏着的生字宝宝：帮、剩、整—生读后提问，要读出什么？（后鼻音）—指名读—齐读。

预设奶酪3：

PPT出示儿化词—读—师提醒儿化音的读法：读这两个词的时候，前一个词读完要快速加一个卷舌的动作—跟老师读—区分："俩"和"两"的字音、意思（跟我们学的那个字很像？）（两），根据字形猜字义"两"（数量二），"俩"（两个）—在文中"俩"指的是谁？（贴图片）—读：小哥俩—拓展：父子俩、母女俩、姐妹俩、俩苹果（俩字可有意思，会变魔术呢，一会在前，一会在后）—（过渡：看来这两个词难不倒你们了，一起读）齐读：小哥儿俩、大一点儿。（读词干脆、利落会更好听，跟老师读）

过渡：前面的生字都学得这么棒，剩下的这块最大的奶酪，我们一起分好吗？这是一个谜语，猜中有奖哦。

预设奶酪4：

（1）PPT出示猜字谜—生猜—齐读—组词—出示词语—齐读。

（2）PPT出示便（怎么读？）—识字方法（谁有好方法记住它）—组词。

设计意图：通过玩游戏，自己挑选喜欢的奶酪学习生字词，通过做动作、对比、扩词、猜谜语等多种识字方法，激发学生浓厚的学习兴趣。

（三）初读课文，整体感知

过渡：我们把奶酪顺利分完了，为自己的精彩表现鼓鼓掌吧。

生字词跳到课文中去了，请大家认真读课文，思考：课文写了一件什么事？

课文讲的是熊哥哥和熊弟弟（捡到奶酪），狐狸跑来帮它们（分奶酪），结果把（奶酪都吃光了）的故事。

表扬：你们非常厉害，都能非常快地抓住课文的主要信息。

过渡：我们先来学习熊哥哥和熊弟弟捡到奶酪这一部分。

PPT出示：

（学第1自然段）

过渡：谁想读第1自然段？

指名读—过渡：本来捡到奶酪是一件很高兴的事情，可是因为分配问题，小哥俩怎样了？—汇报。（拌起嘴来）红色凸显：拌，PPT出示"拌嘴—齐读：拌嘴—拌嘴"是什么意思（争吵、争论）→他们在吵些什么（熊哥哥你会说什么？熊弟弟，你听了会说什么）？

（1）大熊可能会说："我是先看到的，所以我应该分大块的。""我大，你应该让我。"

（2）小熊可能说："我先捡起来的，所以我应该分大块的。""我小，你应该让弟弟的。"

小结：对啦，他们这样你不让我、我不让你的争吵就是"拌嘴"。

过渡：小熊兄弟俩的吵架声引来了谁？（狐狸）他来干什么啦？（分奶酪）

（学第 11 自然段）

过渡：狐狸跑来分奶酪，还说分得可公平了。

PPT 出示文段—自由读—狐狸说的公平是指什么呀？在它说的话里找找看？对呀，你们谁也没多吃一口，谁也没少吃一口，这不是很公平吗？—板书：公平。

（四）重点品读第一次分奶酪部分

过渡：你们同意狐狸的说法吗？咱们一起来看看狐狸第一次分奶酪是怎么分的。

重点品读第一次分奶酪部分。（第 3~6 自然段）

（1）默读第3~6自然段，用横线"＿＿＿"画出狐狸说的话，用"＿＿＿"画出小熊的话。

过渡：请一个学生来读狐狸说的话（找得很准），谁来读读小熊说的话？对照屏幕，大家看看是不是都画准了，错的纠正。

（2）生汇报一句，师投影一句，生检查所画的句子。

（3）同桌练习读（一人当小熊，一人当狐狸）。

（4）同桌展示读（1）。

过渡：要读好对话，除了要读正确，流利，咱们还不能小瞧了角色说话时的动作和表情。看，狐狸得知小哥俩不知道怎么分奶酪时是这样和他们说的。

（5）PPT 出示重点句子指导朗读。

"这事好办，我来帮你们分吧！"狐狸笑了笑，把奶酪拿过来掰成了两半。

谁来读一读狐狸说的话—提问：狐狸说的时候是什么表情呀？（笑了笑）—小朋友，请你们再好好读一读这句话，仔细想想此时的狐狸会怎么笑？心里想些什么？

预设1：（不怀好意地笑，心里想什么？）—生自由说（狐狸想吃奶酪，不是真正想帮小熊分奶酪）—老师点评：狐狸心里打着鬼主意，脸上还要装着笑—生带体会去读（请你带着自己的体会去读一读）—师点评：它假假的，偷偷地笑了笑，真的是一只狡猾的小狐狸。

预设2：做笑的动作理解去读—师点评：瞧这小眼神啊，笑得不露痕迹—

你来读一读。

预设3：阴险地笑，想吃奶酪—带体会读—师点评：这笑可有深意啊！

预设4：没诚意地笑，想自己吃掉奶酪，鬼主意快得逞了—师点评：可能这时的狐狸还很高兴，这是没诚意高兴地笑—带体会读（你体会得那么好，就请你来读读这句话）—师点评：这只狐狸真够狡猾啊！

预设5：开心地笑，我快有奶酪吃啦—带体会去读—师点评：这是一个不怀好意的狐狸。

预设6：别有用心地笑，不是真正地帮小熊分奶酪，而是借机吃奶酪。

预设7：狡猾地笑，这不懂得谦让，斤斤计较的兄弟俩，让我逮住机会吃奶酪啦—带感受去读。

（6）齐读感受狐狸的狡猾："狐狸笑了笑，把奶酪拿过来掰成了两掰。"老师当狐狸把奶酪掰成两半。（板书：掰）

过渡：熊哥哥和熊弟弟看到这种情景，它们说什么了？（不匀）

（7）指导读句子：你分的不匀！那半块大一点儿。

PPT红色凸显"不匀"—"匀"是什么意思？（平均分）—师举起手里的奶酪（一边大一边小）—师提点：像这样就是不匀→难怪小熊哥俩（　　）嚷着［PPT出示"你分得不匀！"小哥俩嚷着，"那半块大点儿。"（红色标出带拼音的嚷）］—齐拼读嚷（男生读，女生读）—检查读句子（哪个小熊来嚷一下？）师小结板书：小熊哥俩嚷起来了，我们来看嚷字（板书：嚷）（一张口，两张口，三张口，那声音该有多大，多急啊）—理解读（你们就是熊哥哥和熊弟弟，一起嚷着）—做动作读（点评：急得都昂首跺脚了）—提问：干吗那么着急，心里想些什么？—生汇报（有可能我不能吃到那块大的奶酪）—师小结：小熊真的够斤斤计较。

师小结：刚才抓住人物对话的动作和表情，把句子读得有滋有味。

（8）PPT出示对话—表演读（1组3人）（师提示：在练习过程中，我希望看到你们的动作和表情，就更好了）—师生配合读（谢谢你们的精彩配合）

设计意图：根据学生不同的感悟，允许学生个性化地朗读。有的学生认为狐狸的笑是不怀好意地笑，有的学生认为狐狸的笑是没诚意地笑，有的学生认为狐狸开心地笑，不同的感受使他们的朗读也不同。

（五）指导书写：奶、咬

过渡：同学们，学好课文的同时，字也要写得漂亮，这节课左右结构的字特别多（PPT出示：奶、吵）。

指导"奶""吵"的书写：

（1）PPT出示书写提示，师读：一看宽窄；二看高低；三看关键笔画。

（2）看电脑老师给的书写提示。

（3）提问学生谁看明白了？—老师提点"奶"有个笔画特别难写（PPT出示）—齐说横折折钩—师生齐书写横折折钩（2次）—PPT出示竖琴（要像竖琴稳稳当当写在左边）。

（4）师范写，生跟着书写（"奶"：撇长点短，腰挺直，提画，左伸右收，不出头，横折折钩一笔写成，一横竖短向左倾，二折横短，略下斜，三折长长有点弯："吵"；樱桃小嘴坐上立，长撇潇洒把线挂）。

（5）生在书上描红一个，写一个。

（提醒：写字前先正姿，PPT出示写字姿势图）—师说：身体坐正，头正，肩平，臂开，足安—握好笔，描红一个写一个—师下去看学生书写的情况，表扬坐姿好的学生（这个同学像个小松柏，直直的，纠正错姿势）—放轻音乐写字（伴着美妙的音乐，我相信每个人都能保持正确的坐姿，把字写正确，写漂亮），写完坐好—点评（有哪里值得你学习）：生先点评，师小结（端正、漂亮），看看同桌写得怎样，写得好的，竖起大拇指表扬他（相信有你的鼓励，他的字肯定会写得更漂亮）。

这节课上到这里，希望大家每节课，每一次都能认认真真地读书，把字写好。

设计意图：每节课都特别注重学生读书习惯和写字习惯的培养，让习惯融入心中，成为日常。

（六）作业布置

（1）与同学或父母合作表演故事。

（2）推荐阅读《狐狸和马》和《瞎眼狐清窝》。

（七）板书设计

狐狸分奶酪

狐狸　　小熊

掰　公平　嚷

《荷叶圆圆》

【教材分析】

《荷叶圆圆》是部编版语文教科书一年级下册的课文。本单元的学习重点是联系生活实际识字。

荷叶圆圆的，绿绿的，是夏天里一首清凉的小诗，荷叶是阳光下跳动着的绿色音符。小水珠喜欢荷叶，小蜻蜓喜欢荷叶，小青蛙喜欢荷叶，小鱼儿也喜欢荷叶。课文洋溢着童真、童趣，每个自然段结构相近，不仅读起来让人感到亲切，朗朗上口，适合背诵，而且有利于启迪学生的智慧，激发想象。让我们一起在这篇轻快活泼的文章里，感受充满童趣的夏天。

【教学理念】

一年级学生已经初步具有一定的识字量和阅读基础，针对学生年龄和学习特点，本课的教学理念定位在"遵循学生的身心发展规律和语文学习规律，选择教学策略"这一点上。创设情境激发学生的阅读兴趣，采取多种方法朗读，调动学生的学习积极性，使阅读成为学生表现的舞台，使学生个性得到充分发展。

【教学目标】

1.认识"珠、摇"等12个生字和身字旁1个偏旁；会写"亮、美"等7个字。

2.能借助插图、联系生活实际了解"停机坪、摇篮、透明"等词语的意思；通过做动作知道"躺、展开"等词语的意思。

3.能有感情地朗读课文，背诵课文，感受夏天的美好。

4.学习并仿照"荷叶圆圆的，绿绿的"句式说话。

【教学重难点】

1.通过联系生活实际、做动作等方式理解词语的意思。

2.仿照"荷叶圆圆的,绿绿的"的句式说话。

【教学准备】

1.要求学生利用导学单进行预习。

2.课件。

【教学课时】

两课时。

【教学过程】

(一)复习生字,导入新课

谈话导入:

同学们,今天我们继续学习《荷叶圆圆》,请大家齐读课题。

上节课我们学习了这些生字词语,你们都认识了吗?(指名、开火车、齐读)这些句子也会读吗?

(出示"躺")你们是怎样记住这个字的?身字旁和"身"有什么区别?

设计意图:认识"身字旁",规范写字,初步体会中国文字的奥秘。

生字宝宝说你们真厉害!现在我们一起把它们送回家好吗?请同学们自由朗读课文,注意读准字音,读通句子。边读边想:荷叶是什么样子的?

(二)初读课文,整体感知

(1)自由读课文。

荷叶是什么样的?

(2)贴荷叶图。

(三)深入探究,感悟文本

1.研读第1自然段

(1)指名读。

(2)指导朗读。

荷叶的形状是_____,荷叶的颜色是_____。

对了，我们可以从形状、颜色等方面来介绍自己喜欢的一种物品。你能照样子说一说吗？

（3）PPT 出示句子练习。

PPT 出示：

照样子说一说。

苹果_____的，_____的。

香蕉_____的，_____的。

设计意图：课后习题，是教材的关键部分。课后习题中蕴含着课程对选文的教学处置要求，教师应依据课后习题来设置相应的教学内容，达到课程的意图。指导学生模仿课文句式练习说话，既激发了学生的创新意识，又培养了学生的口头表达能力。

你还能照样子说一说其他的东西吗？

同学们真棒！你们能够学以致用了。

荷叶圆圆的、绿绿的，吸引了哪些小伙伴来和它玩耍呢？

（4）指名读课文。

其他同学边听边想：荷叶吸引了哪些小伙伴来和它玩耍呢？

（5）贴图片。

2. 研读第 2 自然段

（1）看图说图意。

谁来到这圆圆的、绿绿的荷叶上？

（小水珠来到这圆圆的、绿绿的荷叶上。）

它会说什么？做什么？

（2）出示句子，指名读。（读通）

（3）理解"摇篮""躺"。（板书）

对小水珠来说，荷叶就像摇篮，（贴摇篮）你们见过摇篮吗？谁知道摇篮是干什么的？

是呀！小水珠躺在荷叶上，就像婴儿躺在摇篮上一样，多么——（贴躺字）谁来读？

（4）指名读。（读懂）

（5）师范读。

（6）想象训练。

小水珠躺在这舒服的摇篮里，看到了什么？听到了什么？闻到了什么？

小结：小水珠有这么多的伙伴陪着，又可以欣赏到这么美的景色，它多开心啊！

（7）全班配乐齐读。（读出趣味）

设计意图：尊重学生的读书感受。有的学生认为小水珠很可爱；有的学生认为小水珠很开心，不同的感受使他们的朗读也不同。在琅琅的读书声中，感受到了语言的美。

3. 自主学习第 3、4、5 自然段

过渡：在小水珠眼里，荷叶是它的摇篮，那么，在其他小动物的眼中，荷叶又是什么呢？

请同学们根据学习提纲自主学习。

（1）PPT 出示学习小指南，小组内自主学习。

PPT 出示：

学习要求：

读一读：自由读第 3、4、5 自然段，再选择你最喜欢的一个自然段读给小组的同学听。

想一想：小蜻蜓、小青蛙、小鱼儿分别说了什么？做了什么？

（2）梳理文脉。（生根据课文内容贴图）

谁能把这里的词语贴到相应的地方去？

（3）在它们眼里，荷叶又是什么？（指板书说）

（4）展示读书成果：你最喜欢哪一个自然段？（指名读）

（5）汇报，点拨，积累，品悟。

（根据汇报，相应出示 PPT《小池》《青蛙写诗》《江南》等）

①第 3 自然段：指名读—全班做动作读，理解"停机坪""透明"—回忆并背诵《小池》。

②第 4 自然段：指名读—青蛙不但会唱歌，还喜欢写诗呢！写了什么诗？—齐读《青蛙写诗》。

③第 5 自然段：指名读—师生互读—指名表演读—背诵《江南》。

设计意图：语文学习的过程就是一个不断积累的过程，教师应该注重培养学生积累的习惯，使学生养成语文知识积累的优良品质。这一环节适时引导学生回顾以前学的知识：《小池》《青蛙写诗》《江南》。在教学中培养学生良好的基础知识整理能力，引导学生通过对语文知识的整理，提升学生的语文综合技能。

（四）回归文本，情景再现

这圆圆的、绿绿的荷叶给小伙伴们带来了那么多的欢乐，它们是荷塘里一道最美丽的风景。

让我们一起试着背诵课文，感受荷叶给大家带来的快乐吧！

师生合作，根据板书复述课文内容。

（五）拓展延伸，升华情感

通过大家的朗读，在我们眼前呈现出一幅充满生机的荷塘景色。除了这几个好伙伴，荷叶还会有哪些好伙伴？他们又会说什么？

设计意图：这个环节的主要目的是培养学生想象及表达的能力。教师及时地给已经在阅读课文中得到许多启示的学生提供展示的机会，引发学生在学完全文后发挥想象。在课堂上，学生张开想象的翅膀，答出一些令人意想不到的答案，如蚂蚁说："荷叶是我的小船。"小朋友说："荷叶是我的帽子……"这样既激发了学生的创新意识，又培养了学生的想象力。

（六）小结全文

荷叶是夏日里一首清凉的小诗，给我们带来无限的凉爽。在美丽的夏天，还有更多美好的景物等着我们去发现、去感受。

（七）作业布置

（1）请同学们用你们手中的彩笔，画下这美丽的景色，然后在一旁写上你想说的话。

（2）课后阅读胡木仁先生的另外一篇短文《我喜爱荷叶》。

（八）板书设计

荷叶圆圆

小水珠　小蜻蜓　小青蛙　小鱼儿

摇篮　　停机坪　歌台　　凉伞

躺　　立　　蹲　　游

《蜘蛛开店》

【教材分析】

　　《蜘蛛开店》是部编版语文教科书二年级下册的一篇精读课文，是一篇饶有趣味的童话故事，课文故事情节一波三折。讲的是一只蜘蛛因为寂寞、无聊决定开一家商店。他卖口罩，来了一匹河马，用了一整天才织完；他卖围巾，来了一只长颈鹿，他足足忙了一个星期；他卖袜子，来了一条四十二只脚的蜈蚣，吓得他匆忙跑回网上去了。

【教学理念】

　　本课教学设计应充分考虑童话的体裁特点，引导学生梳理故事情节，感受蜘蛛的形象特点和童话的趣味性，从中发现语言中隐藏的规律，感知反复的写作手法，使学生能够根据示意图有序地、较完整地讲述故事，并为下节课的想象创编故事做好准备。

【教学目标】

　　1. 会认 15 个生字，会写 9 个生字。

　　2. 正确、流利、有感情地朗读课文，根据示意图讲一讲这个故事。

　　3. 展开想象，续编故事。

【教学重难点】

（一）重点

1. 会认 15 个生字，会写 9 个生字。

2. 朗读课文，根据示意图讲故事。

（二）难点

1. 展开想象，续编故事。

2.让学生明白任何一件事情做起来都不像自己想象中的那样简单。

【教学准备】

1.要求学生利用导学单进行预习。
2.课件。

【教学课时】

两课时。

【教学过程】

（一）创设情境，导入新课

PPT出示：

小小诸葛亮，独坐中军帐，摆下八卦阵，专捉飞来将。（猜一动物）

（1）师说谜语，生猜谜底：蜘蛛。

（2）谈话揭题：同学们，今天我们要认识一只无聊的小蜘蛛，它突发奇想，要开商店，会发生什么事情呢？我们一起来看看吧！（板书课题，齐读课题）

（3）读题，质疑。

读了题目，你知道了什么？

（生汇报：知道课文的主人公：蜘蛛，事情：开店）

师：这是以谁干什么来定题目。

质疑：那你还想知道些什么呢？

（生质疑：蜘蛛为什么要开店？蜘蛛开了家什么店呢？蜘蛛开店赚钱了吗？）

过渡：大家真爱动脑筋，有疑问就会有收获，现在请大家打开语文书翻到《蜘蛛开店》一文。

（二）初读课文，学习生字新词

（1）自由读课文，借助拼音读准字音，读通句子，难读的地方多读几遍。

（2）学习生字词。

过渡：大家，预习时生字词你们找出来了吗？看，现在生字宝宝都跳出来了，你们赶紧跟它们打招呼吧。

检查拼读：自由读—找找你认为最容易读错的，并做小老师带读易错的—师投影易读错的生字—指名读（师纠正错的）—齐读。

去拼音：开火车读—男女拍手读—玩蜘蛛织网游戏检查识字。

把生字词放进句子中检查读（指名读→齐读）。

（1）蜘蛛决定开一家商店。

（2）河马嘴巴那么大，口罩好难织啊，蜘蛛用了一整天的工夫，终于织完了。

用红色的字"决定、商店、夫"组词，并用"商店"造句。

① 会记。

出示一类字，观察以上生字，找一找有相同特点的生字—生汇报：将生字词分类—这位同学观察得真仔细，那可以用什么办法帮助快速记忆这些字？（可以用加一加的方法，如夫：由"大"加偏旁"一"组成）—师小结识字方法：加一加、猜谜语、减一减等。

② 会写。

找出你认为最容易写错的：商—指导书写—强调书写：上面的"点撇"从左右朝竖中线靠拢，第七笔撇和第八笔点从竖中线向左右打开，覆盖"口"—师强调写字姿势：身体坐正，书放平，手离笔尖一寸，眼离书本一尺，胸离桌边一拳—书上描红，并写一个—点评—修改自己写得不好的。

（三）再读课文，了解课文内容

（1）自由朗读课文，想想课文讲了一件什么事。

课文主要讲一只蜘蛛闲着没事做，于是就想到了（　　）。它首先卖（　　），结果来了一匹（　　），让它织了一整天；紧接着，他又改卖（　　），结果来了一只（　　），让他织了一个星期；最后它又改卖（　　），结果来了一只长了四十二只脚的（　　），把蜘蛛吓跑回了网上。

（2）指名回答。（填空式检查，整体感知课文的主要内容）

（四）精读课文，学习讲故事

过渡：蜘蛛为什么要开店呢？从文中找句子。

自由读第1自然段—汇报：蜘蛛为什么要开店？（师相机板书，起因：寂寞、无聊）

（1）细读课文，弄懂蜘蛛换招牌的原因。

蜘蛛卖口罩选段：

自由读第2~4自然段。思考：蜘蛛开店它先是怎么想的（"＿＿＿"），又是怎么做的呢（"___"）？—根据问题自己去找句子—同桌交流—汇报：用"因为……所以……"回答。（师根据学生汇报，相机板书：卖口罩）

过渡：同学们，如果你是生意人，有顾客上门买东西的话，你的心情会怎样呢？（高兴、兴奋，因为可能有钱赚啦）那蜘蛛的心情又会是怎样的呢？

（2）自由读第3自然段—谁想读？（读准）—谁还想读（读通）。生谈谈蜘蛛的心情（开心—失望）—找出蜘蛛开心的句子：顾客来了，是一匹河马。（师相机板书：河马）（生谈：顾客的到来，意味着有生意上门，有钱赚，所以开心，带感觉去读出开心）—找出失望的句子：河马的嘴巴那么大，口罩好难织啊，蜘蛛用了一整天的工夫，终于织完了—读好句子（抓住关键词来读：顾客来了，好难织啊）（师相机板书：一整天）—回顾整段，品味蜘蛛的心情变化（开心—失望），齐读。

（3）课堂练习，训练说话。

作业那么多，好难写啊，我用了一整天的工夫，终于_____。

山那么高，_____，终于_____。

_____，终于_____。

（4）看板书小结。

（5）推荐阅读：《小鸟快飞》《月亮生病了》《最亮的眼睛》。

（五）板书设计

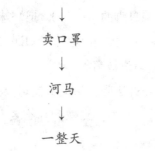

蜘蛛开店

起因：寂寞、无聊
↓
卖口罩
↓
河马
↓
一整天

《鸟的天堂》

【教材分析】

《鸟的天堂》是著名作家巴金先生的作品，选作课文时有改动。作者记叙了他和朋友两次经过"鸟的天堂"的所见所闻，具体描写了傍晚静态的大榕树和第二天早晨群鸟活动的景象。充满生机的大榕树，活泼可爱的小鸟，构成了一幅高雅清幽的风景画，展示了一派美丽动人的南国风光，表达了作者对大自然和生命的热爱和赞美。

【教学理念】

本文写的事物，有的是作者直接看到的、听到的，有的是作者由这些事物引起的联想。阅读中分辨作者的见闻和联想，可以提高我们理解和欣赏语言的能力。教学时，我充分发挥学生的主体地位，积极采用合作、自主的学习方式，让学生在阅读中真正领悟文章的美，培养学生学语文、用语文的能力。

【教学目标】

1.有感情地朗读课文，感受大榕树的奇特和美丽以及众鸟纷飞的壮观景象。
2.边读边想象画面，感受南国的美丽风光，体会作者热爱大自然的思想感情。
3.体会课文描写景物静态和动态的方法。

【教学重难点】

1.感受大榕树的奇特和美丽以及众鸟纷飞的壮观景象。
2.体会课文描写景物静态和动态的方法。
3.理解课文最后一句"那'鸟的天堂'的确是鸟的天堂啊！"

【教学准备】

多媒体课件。

【教学课时】

两课时。

【教学过程】

（一）复习导入

引入：同学们，今天我们继续来学习《鸟的天堂》，请齐读课题。可以把声音放得柔和一点。再读一次，真好。

老师先来检查你们的生字学习情况，请看几组词语。

第一组谁来读，数在这里是动词，所以它读第三声，出示图片，这就叫不可计数，理解了吗？

出示第二组词语，谁来读：主干、竹竿，这两组的读音很容易混淆，齐读。

出示第三组词语：纠正错误、应接不暇、齐读一文中说纠正什么错误（作者……），暇的部首是日字旁，表示时间，你能不能根据它的偏旁以及整个词语的意思来猜一猜"暇"的意思——起把三组词语读一读，齐读。

设计意图：通过复习生字词引导学生进一步夯实基础，同时感知文本，实现长文短教，为品读文本做好铺垫。

（二）细读感悟

（1）巴金爷爷两次经过鸟的天堂，看到的景象有什么不同？

引导学生用自己的话语概括主要内容。

（2）学生自由朗读课文，边读边思考。

（3）汇报成果，点拨升华。

①学习大榕树部分。

A.抓住"大、一株"重点体会榕树的枝干多。

引导学生把自己的感受读给大家听。

B.通过图片了解榕树根多的特点。

我们来看看图片，你有什么感受？带着你们的感受把这句话读出来。

师引读：难怪从远处看——就像一株大树卧在水面上。

C. 重点研读第 8 自然段，抓住榕树叶子的多和翠绿体会榕树的茂盛，指名读句，谈体会。

a. 通过各种教学手段，如看图片，动作演示，重点体会"堆"。

b. 通过质疑体会"颤动"。

c. 请学生反复朗读这部分内容，突出重点词句，体会榕树的特点。

d. 引导学生入情入境再朗读：这美丽的南国的树！表达出自己对课文内容的理解以及体会巴金先生对大自然的热爱。

小结：作者抓住了榕树的枝干、根、叶子写出了榕树的特点。这种对事物静止状态的描写，我们把它叫作静态描写。

配乐读第 8 自然段。

设计意图：引导学生通过对重点词语、句段的理解，品析、认识了大榕树奇特、美丽的特点，从而使重点训练项目得到渗透，初步感知什么是静态描写，同时让学生了解该用恰当的语气和节奏读好一段话。

过渡：作者第一次去鸟的天堂，却没有看见一只鸟。当作者第二天早晨去到鸟的天堂时，又看到了怎样的一番景象呢？

② 学习"鸟"的部分。

A. 默读课文第 12、13 自然段，根据老师的提示，提取有关的信息。

B. 指名汇报：起初（   ），后来（   ），接着（   ）。引导学生感受到从静态到动态的描写：静态→动态。

C. 理解两个"到处"（说明鸟很多。）

理解有的……有的……有的（说明鸟的姿态很多，种类也很多）

D. 教师借机指导，激发学生的想象力。

那么，请大家想象一下，树上还有什么姿态的鸟呢？（学生发散思维。）

E. 理解用情景把"应接不暇"的意思表现出来，引导学生拓展：我们在日常生活中也有很多应接不暇的情景，如在商场、在市场、在公园等训练学生的语言表达能力。

F. 师生合作读，引导学生体会用不同的语气和节奏读好第 12、13 自然段。

小结：作者先写众鸟活动的情景，再具体地描述了一只画眉鸟的兴奋，这就是点面结合的写作方法。

设计意图：围绕课后习题第二题的要求进行有效整合。

（三）小结课文，升华情感

同学们，你们看，这就是百鸟飞鸣、热闹欢腾的场面呀！播放视频。鸟在这里怎么会如此兴奋呢？

提炼学习方法：联系上下文。

小结：绿水青山就是金山银山，大树和鸟才能幸福相依。

设计意图：引导学生进一步探究大榕树为什么成为"鸟的天堂"的原因，有利于深化学生的认识。

小结：作者两次经过鸟的天堂，第一次是在傍晚看到大榕树从榕树的枝干、根、叶子对大榕树进行静态描写，第二次是在早晨，分别从众鸟和一只鸟的活动场景写出了榕树的动态美。

设计意图：围绕课前单元的导语让学生初步体会了课文中的静态描写和动态描写。

（四）学以致用，写法迁移

小练笔：根据给出的情景，任选一题写一段话。

（1）校园里有一棵芒果树，这棵树_____。

（2）下课了，校园里热闹起来，_____。

小结：鸟的天堂在不同的时间有不同的动静变化，我们生活当中也有，如校园一角早晨宁静，课间热闹，傍晚又恢复宁静。请认真观察生活中的动静变化，为习作积累材料。

设计意图：从阅读到习作，体现了统编教材阅读和表达同时进行的特点。

（五）作业布置

搜集《筑渝道上》，并写上读书批注。

（六）板书设计

$$鸟的天堂 \begin{cases} 榕树：大\quad 美（静态美） \\ 鸟：多\quad 欢（动态描写） \end{cases} 对生命的热爱和赞美$$

《妈妈睡了》

【教材分析】

《妈妈睡了》是部编版语文教科书二年级上册的精读课文。这个单元每篇课文都是以儿童视觉表现儿童的生活。"阅读课文，能说出自己的感受或想法""借助词句，尝试讲述课文内容"是本单元教学的重点，借助词语信息进行讲述，联系生活谈体会，培养学生的思考和表达能力。《妈妈睡了》描写了妈妈在哄孩子午睡的时候，自己先睡着了的场景。看着熟睡的妈妈，孩子觉得她很美丽、很温柔，同时感受到妈妈的辛苦与劳累。通过孩子观察熟睡中妈妈的举动，可以感受到他对妈妈满满的爱，而且通过孩子观察时的想象，也体会到妈妈对孩子深深的爱。

【设计理念】

本课教学设计落实了"学生主体，教师主导"的教学理念，真正实现了"生本课堂"，注意学习主体的独立性，师生沟通的交互性，营造一个民主、开放的对话空间，引导学生积极参与。在文本的对话交流中，学生自主识字、自主朗读，让学生在积极主动的思维和情感活动中加深理解，从而有所思考和感悟。

【教学目标】

1.认识"哄、先"等14个生字，读准多音字"发"，会写"哄、先"等8个字，积累"明亮的眼睛"等短语，会写"明亮、故事"等4个词语。

2.能正确、流利地朗读课文，能说出睡梦中的妈妈是什么样子的。

3.感受睡梦中妈妈的美丽、温柔与辛劳，体会妈妈与孩子之间美好的爱。

【教学重难点】

1. 能正确、流利地朗读课文，能说出睡梦中的妈妈是什么样子的。

2. 感受睡梦中妈妈的美丽、温柔与辛劳，体会妈妈与孩子之间美好的爱。

【教学准备】

1. 要求学生利用导学单进行预习。

2. 多媒体课件。

【教学课时】

一课时。

【教学过程】

（一）歌曲导入，激发情感

（1）听唱歌曲《世上只有妈妈好》，再说说想到了谁。

（2）朗读课题《妈妈睡了》，板书课题，指导读好课题。

设计意图：良好的开始等于成功了一半。对于低年级的学生来说，刚开始上课他们的思维不能马上集中到课堂上，如果利用歌曲导入，能很快吸引学生，能有效把学生的注意力引到课堂、引到课文中来。

（二）初读感知，总体把握

（1）自由读课文，要求读准字音，读通句子。说说"睡梦中的妈妈"是什么样子的。

（2）检查学生对生字词的认读情况。

① 齐读词语。

② 长句子训练朗读。

（3）整体感知，了解文脉。

全班交流归纳"睡梦中的妈妈"是什么样子的。

板书：美丽、好温柔、好累。

设计意图：在阅读中识字，在语言环境中识字，在重复再现中识字，遵循学生的识字规律及年龄特点。识字后，自我夸奖又使学生有了成就感，更激发了学生主动识字的积极性。

（三）品读课文，体会母爱

1. 感受妈妈的"美丽"

（1）看图说话。仔细看图，说说你看到了什么？

（2）自由读第2自然段，睡梦中的妈妈是什么样的，请用"_____"在文中画出来，汇报。

（3）认识中心句。齐读第一句，这句话能概括这一段的主要内容，我们叫它中心句，后面的内容都是围绕"睡梦中的妈妈真美丽"来写的。

（4）指导朗读，把妈妈美丽的样子读出来。

（5）小结：课文抓住"明亮的眼睛、弯弯的眉毛、红润的脸"写出睡梦中的妈妈很美丽。

（6）词语拓展与运用练习。

①明亮的眼睛（　　）的眼睛。

弯弯的眉毛（　　）的眉毛。

红润的脸（　　）的脸。

②（　　）的（　　）。

③小妹妹真可爱，（　　）的眼睛，（　　）的（　　），（　　）的（　　）。

2. 感受妈妈的"温柔"

（1）睡梦中的妈妈不仅美丽，而且很温柔呢！读第3自然段，用"____"画出中心句，汇报。

（2）从哪里看出睡梦中的妈妈好温柔？交流汇报。

（3）指导读。

（4）让妈妈微笑的事很多，所以用省略号表示。同学们，回忆生活，说说妈妈微微地笑着，还好像在干什么？小组交流，再汇报。

（5）创设情景再指导朗读：语气轻柔，读出妈妈的温柔，读出对妈妈的爱。

（6）小结。

3. 感受妈妈的"好累"

（1）读读、说说。你从哪里感受到"睡梦中的妈妈好累"？在文中画上横线，和同学交流，说说你的感受。

（2）全班交流，抓住"呼吸那么沉""渗出汗珠的额头""全听不到"等词语体会妈妈的劳累。

（3）指导朗读，体会妈妈的辛苦。

（4）妈妈一定干了好多活，累了，同学们，回忆生活经历，想想，妈妈每天都干哪些活？小组交流汇报。

（5）创设情景配乐朗读，感受妈妈的辛苦和劳累。

（6）小结：从呼吸那么沉、渗出汗珠、全听不到、干了好多活儿知道了妈妈好累。

（7）谈谈你想对妈妈说什么？想为妈妈干什么？妈妈爱着孩子，孩子也应该好好爱妈妈！（板书：画心形）

设计意图：在设计过程中，指导学生进行有层次地朗读，透过对睡梦中妈妈的描绘，体会词汇的精美，积累语言，训练说话。又通过启发学生想象，联系学生的生活，让学生感受到妈妈对孩子的关爱，让学生学会爱自己的妈妈。

（四）借助词语，讲述内容

（1）练习朗读，同桌互评。

（2）选择喜欢的段落，尝试借助词语，讲述课文内容。

设计意图："借助词句，尝试讲述课文内容"是本单元教学的重点，借助词语信息进行讲述，培养学生的思考和表达能力。

（五）书写生字，评价指导

（1）指导书写结构上左窄右宽的"脸、沉"两字。

①引导学生观察。

②教师范写，学生书写。

（2）练习书写，反馈评价。

设计意图：尊重学生的识字方式，在观察交流中让学生掌握字的结构及多种识字方法，教师的示范指导侧重培养学生良好的书写习惯。

（六）小结全文，布置作业

（1）学生谈谈这节课的收获，教师小结。

（2）布置作业。

①制作贺卡，写上自己的心里话和祝福送给妈妈。

②观察睡梦中家人的样子。

（七）板书设计

妈妈睡了
美丽
温柔
好累

《枣核》

【教材分析】

《枣核》是当代著名作家萧乾表现海外华人思乡之情的美文。文章紧紧扣住"思乡"这一主题，以"枣核"为线索，记述了友人的思乡之情、之恋、之举，写友人"想厂甸，想隆福寺""想旧历年""想总布胡同院里那棵枣树"，描写友人在异国他乡居住地精心设计修造"北海"的情景。所有的这一切都写得那么真切、那么精巧，无一句华丽的辞藻，却把这位友人依恋故土之心写得那么细致、那么深刻，感人肺腑。

【设计理念】

本单元主要是让学生倾听爱国主义的赞歌，感受仁人志士的爱国情怀，培养他们崇高的爱国主义感情。学习本文旨在让学生了解作品叙述的具体事件，倾听海外游子的爱国心声，进而引发学生热爱家园、报效祖国的情思。同时学习写人记事的方法：剪裁精当，结构精巧。由于学生缺乏特定的情感体验，所以难以理解所谓的"游子心境"，教师通过调动学生已有的知识积累，激活学生原有的情感体验，进而联系课文中同窗思乡的心理活动和表达思乡心切的独特方式来使学生体会海外游子的心境：身处异国他乡，心恋故国故土。

【教学目标】

（一）知识目标

1. 指导学生认识 7 个二类字，会写 5 个一类字；掌握词语。

2. 帮助学生理解课文题目"枣核"的含义；指导学生写一段话谈谈对课文最后一个自然段的理解。

（二）能力目标

1. 指导学生默读课文，概括课文内容，了解课文的表达顺序。

2. 引导学生抓住重点词句，体会作者旧时同窗，这位海外游子眷恋故土的思想感情。

（三）情感、态度与价值观

理解游子的思乡情结，热爱祖国，热爱家乡。

【教学重难点】

1. 引导学生抓住重点词句，体会作者旧时同窗，这位海外游子眷恋故土的思想感情。

2. 帮助学生理解课文题目"枣核"的含义；指导学生写一段话谈谈自己对课文最后一个自然段的理解。

【教学准备】

1. 要求学生利用导学单进行预习。

2. 多媒体课件。

【教学课时】

两课时。

【教学过程】

第一课时

（一）导入新课

播放《绿叶对根的情谊》。

赏歌曲《绿叶对根的情谊》："不要问我到哪里去，我的心依着你，不要问我到哪里去，我的情牵着你……"然后提问"绿叶"指谁？"根"指谁？这首歌抒发了一种什么样的感情？

一曲饱含深情的歌曲唱出了海外中华儿女对祖国的无限眷恋、热爱。今天就让我们一起走进萧乾的《枣核》。（大屏幕显示课题、作者、板书课题）

（二）预习检查

（1）小组内齐读生字词，说说你的理解。

枣核　蹊跷　掐指　殷切　玛瑙　衣兜　嫣红　山坳

（2）点拨难读的字音。

蹊跷（qī qiāo）　独辟蹊径（xī）　殷切（yīn qiè）　殷红（yān）

（3）联系上下文理解课后几个成语：掐指一算、风烛残年、故弄玄虚。

设计意图：联系上下文理解词语，反复读词语所在的句子，词语意思就会显露出来。学生反复读，反复感知词语所在的语境，有些词语哪怕不能准确说出它的意思，但已经能意会，就达到目的了。

（三）初读课文，整体感知

引导学生从以下两个角度概括课文的主要内容。

（1）根据"我"所在地点的不同，说说各写了什么内容。（访美前—在美国的车站—在朋友的家里）

（2）围绕枣核，文章写几部分内容？每一部分主要写什么？试着给每一部分拟一个小标题。

小组内交流讨论小标题的拟订。

第一部分：（第1自然段）写朋友托"我"为她带几颗枣核。（索枣核）

第二部分：（第2~4自然段）写朋友见到枣核，如获至宝。（见枣核）

第三部分：（第5~10自然段）写朋友倾吐思乡之情。（说枣核）

第四部分：（第11自然段）提示文章中心思想。（议枣核）

（3）小结概括该课主要内容的方法：①从地点入手；②从课题入手。

设计意图：这个环节主要让学生明白，概括主要内容有多种方法，但也要结合课文特点，选取恰当的方法。

第二课时

（一）复习导入（略）

（二）动情朗读，品"枣核"

友人不远万里，再三托付"我"带去几颗枣核，她想做什么呢？为什么要这样做呢？

明确：这位友人想在自己的家园中种下一颗枣树——因为她思念家乡。

过渡：课文中有不少词句表现了海外游子深切的思乡之情。请用"＿＿"画出来，并说说体会。

小组内合作交流自己的体会，并朗读最喜欢的语句。

1. 从心理上解读游人的思乡之情

也许是没出息，怎么年纪越大，思乡越切。我现在可充分体会出游子的心境了。我想厂甸，想隆福寺。这里一过圣诞，我就想农历年。近来，我老是想总布胡同院里那棵枣树。

句子中"年纪越大、思乡越切""想厂甸、想隆福寺、想农历年、想胡同枣树"等词语直接表达了思乡之情。

师小结：通过老人这番朴实的话语，通过作者这些朴实的描写，我们可以真切地感受到老人想家了。

教师：我想了解一下，我们在座的同学，有哪些或者因为探亲、旅游等原因而离开过家的？（调动学生去体验老人的感情）

2. 从行动上解读游人的思乡之情

过渡：为了表达自己的思乡之情，老人做了些什么？她还急切地想做什么？

（生齐读第7~10自然段后讨论）

（小组代表回答后归纳）这位老人亲手栽了垂杨柳、种了睡莲、堆叠了假山，还想再种下枣树。（栽杨柳、种睡莲、堆假山、种枣树）

在这些做法中，重点写了哪两个？（堆假山和种枣树）

3. 对种枣树的重视

（1）动身去美之前，一位旧时同窗寄来封航空信，再三托付我为她带几颗生枣核。（抓住"再三"一词）

（2）拥抱之后，她就殷切地问我："带来了吗？"我赶快从手提包里掏出那几颗枣核。她托在掌心，像比珍珠玛瑙还贵重。（抓住殷切、托、珍珠玛瑙

等词品读）

设计意图：这个环节主要让学生明白，妥帖的用词不一定要华丽，但一定是有情感的，如"托"字不能换成"放"字，因为一个普通的"放"字没有情感，而"托"字自然流露出海外朋友对枣核的珍视程度。

小结学法，并迁移学法。

4. 对堆假山的重视

那是我开车到几十里以外，一块块亲手挑选，论公斤买下，然后用汽车拉回来的。（抓住几十里以外、一块块亲手、论公斤买下等词品读）

师小结：老人的花园里既有垂柳、睡莲，也有北海，即将种下枣树，老人是把思乡的感情寄托在这些事物上，寄托在这几颗普通平常的枣核上，真是满园景色，满园乡情——这就是老人表达思乡之情的独特方式。

（三）品析中心段，体会感情

面对同窗好友浓浓的思乡之情，作者发表了什么感慨？

（1）你是如何理解这一段话的？

（2）末段在文中的作用是什么？

（四）小结写法

这篇文章，表现的是海外友人的思乡之情，为什么却以"枣核"命题？而且就这么几颗枣核，作者这样反复渲染，是不是有些小题大做了？

明确：

从内容上看，枣核形象生动地寄托了思乡之情。

从结构上看，枣核又是本文叙事线索。

从写法上看，以小（枣核）写大（爱国之情）。（感受生活，要由表及里，做深入的思考；反映生活，要通过具体的事物来表现，有时不妨就用一个小小的物件，以小见大）

（五）拓展延伸

古往今来，我们人类有着许多崇高而美好的情感，思乡爱国是最美好的情感之一。在这个方面，中华民族灿烂的文化宝库给我们保留了众多的优美诗篇，现在请同学们联想一下：在我们课内外还读到过哪些表现思乡爱国这一主题的作品？

李白的《静夜思》、纳兰性德的《长相思》、陈慧瑛的《梅花魂》。

（六）板书设计

索枣核

（以小见大）　　枣　　见枣核　　思乡之意

（设置悬念）　　核　　说枣核　　爱国之情

　　　　　　　　　　　　议枣核

《竹石》

【教材分析】

《竹石》是清代郑燮的一首题画诗。这首诗主要写生长在岩石破缝中的竹子经受各种磨难艰难地生长，着力表现了竹子那顽强而又执着的品质。

【教学理念】

语文课堂要体现开放襟怀，把课外的学习引进课内，使古诗的教学变得"充实""厚实"。诗人的生平与他诗作蕴含的精神一脉相承，感悟诗中内涵，学习诗人借物喻人、托物言志的写法，达到人文性与工具性的统一。

【教学目标】

1.学习郑燮的《竹石》，理解诗中"咬定、破岩、千磨万击、坚劲、任尔"等词。

2.能用自己的话解释《竹石》，体会竹子立场坚定、决不动摇、坚韧不拔的品质。

3.了解诗人郑燮，联系他的生平事迹体会诗中表露的诗人不向恶劣环境和世俗低头，坚韧不拔、刚正不阿的情操。

【教学重难点】

1. 体会竹子立场坚定、决不动摇、坚忍不拔的品质。

2. 体会诗中表露的诗人不向恶劣环境和世俗低头，坚韧不拔、刚正不阿的情操。

【教学课时】

一课时。

【教学准备】

1. 要求学生利用导学单进行预习。

2. 多媒体课件。

【教学过程】

（一）看图导入

（1）启发谈话：同学们，你们都了解竹子吗，还想不想再看？下面我们来欣赏一组水墨画竹石图，看完之后要跟老师分享你们在画幅中看到了怎样的竹子？请欣赏国画。（展示 1~5 幅竹石图）

设计意图：感觉是进入审美经验的入口，而音乐和图画是创设审美氛围最有效的途径。通过图片给学生还原一种可视、可感的美。学生在进入情境之后，自然是迫不及待地要表达自己对岩竹的想法。正所谓"呈于象，感于目，会于心"（叶燮）。

（2）初步感知国画中岩竹的样子和生长环境。

（3）你们是这样看竹子的，那么郑燮是怎样写竹子的呢？

（4）人称郑燮是"诗书画三绝"，特别是他画的竹兰、山石，形象逼真，姿态万千。他留下了许多名画——《竹石图》《丛竹图》《墨竹图》《兰竹芳馨图》……

（5）今天我们一起来学习他的一首题写在竹石图上的诗。

（二）指导朗读

（1）学生先自读古诗，要求读准字音，读通诗句，读出节奏。

（2）先指名读—师生合作读—全班齐读，感受诗歌抑扬顿挫的读法。

设计意图：此首诗并无难读字音，经过几遍练读，读得准确流畅绝对不在话下。但是，要想真正读出诗的味道来，在深入理解诗歌之前还很难。此处的师生合作读，确是针对学情的恰切引领。教师一开口，学生立刻就能找到读诗的感觉，并会带着这种感觉去读。

（三）明诗意，想诗境

板书诗题：竹石，并释题。（竹石，扎根在石缝中的竹子）

1."咬定青山不放松，立根原在破岩中"

（1）讨论交流"咬定"，理解"立根（把根扎在……）"和"破岩"（破岩：山岩的裂缝处）。

（2）请学生用自己的话说说这两句诗的大意。

这两句诗的意思是：牢牢咬住青山决不放松，竹根扎在破碎的山岩之中。

（3）"破岩"这种地方最缺什么？在破岩中生长的竹子须得怎样扎根？

（体会竹子生长环境的艰险、贫瘠以及竹子牢牢扎根在山石间，不怕艰险、顽强生长的情景）

（4）朗读，读出竹子的坚韧，读出竹子咬定青山不放松的精神。

2."千磨万击还坚劲，任尔东西南北风"

（1）理解诗句中关键字词的意思。

"坚"是"坚强不屈、坚韧不拔"的意思，坚劲：坚定强劲。

击：打击；任：任凭；尔，你；任尔：随你。

千磨万击：经受无数次的磨难和打击。

（2）请学生用自己的话说说这两句诗的大意。

这两句诗的意思是：遭受无数的磨难和打击仍然坚挺，不管你从何方刮来什么风。

（3）想象竹子遇到的磨难和打击，并用自己的话说一说。

（4）创设情境引读诗句。

当经受烈日的蒸烤时，竹子是怎么表现的？生读后两句。

当经受风雪的侵袭时，竹子是怎么表现的？生读后两句。

当与强风作斗争时，竹子是怎么表现的？生读后两句。

（5）给"坚劲"找一个近义词。（两个字的和四个字的）

（四）寻相似，悟诗情

（1）诗人仅仅是在写竹子吗？诗人还在写谁？

引进诗人生平简介：郑燮，也称郑板桥，是清代著名诗画家。他一生酷爱写竹、画竹、咏竹。他是乾隆时期的进士，曾任七品官，居官十余载。他一生清正廉明，刚正不阿，心系民众，绝不与贪官污吏同流合污。百姓遇饥荒时，他曾不顾上层官员的反对，开仓救灾，因而触怒了当地权贵，结果被罢了官。从此，郑板桥两袖清风，回乡以画竹为生，度过了他贫寒而很有气节的一生。

作者非常喜欢竹子。他用质朴的语言，形象生动地写出了劲竹坚忍不拔、不屈不挠的精神，寓意十分深刻。这首诗托物言志，通过吟诵立根破岩之中的劲竹，含蓄地表达了表明自己刚正不阿的品性以及不怕打击、不畏风浪的气节。

（2）以诗人的身份，怀着对劲竹的敬佩之情补内容。

当面对生活的艰难时，诗人怎么说＿＿＿＿＿＿＿＿＿＿＿＿＿＿＿＿

当面对官员的排挤时，诗人怎么说＿＿＿＿＿＿＿＿＿＿＿＿＿＿＿＿

当我们面对生活中的磨难和打击，挫折和失败，我们应该笑着说＿＿＿＿

（3）怀着对劲竹、对诗人的敬佩之情朗读全诗，然后背诵全诗。

设计意图：徐复观先生说过："真正好的诗，它所涉及的客观对象，必定是先摄取在诗人的灵魂之中，经过诗人感情的熔铸、酝酿，而构成他灵魂的一部分，然后再挟带着诗人的血肉以表达出来，于是诗的字句都是诗人的生命，字句的节律也是生命的节律。"寻找诗人与竹子的相似点，正是实现这种人与人之间的精神契合，是"我"与"你"的对话与敞亮。

（五）拓展阅读

朗诵元冕的《墨梅》和陈毅的《青松》。

（六）写画结合

在采集本上用简笔画画一画你心中的竹子（青松、梅花），并在画稿空白处题写相关的诗句。

（七）作业布置

（1）搜集有关咏竹（咏松、咏梅）的诗词。

（2）尝试用托物言志的手法去创作诗词。

（八）板书设计

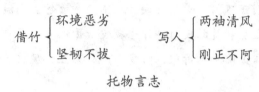

竹石

（清）郑燮

借竹 { 环境恶劣 坚韧不拔 }　　写人 { 两袖清风 刚正不阿 }

托物言志

《王戎不取道旁李》

【教材分析】

本课通过写王戎七岁时和小朋友看到路边有果实累累的李树，小朋友都争先恐后去摘，只有王戎没有摘并告诉他们李子是苦的故事。这个故事告诉我们遇到事情要多想、多思考，不能盲目地跟从的道理。

【设计理念】

"阅读是学生的个性化行为，不应以教师的分析来代替学生的阅读实践。应让学生在主动积极的思维和情感活动中，加深理解和体验，有所感悟和思考，受到情感熏陶，获得思想启迪，享受审美乐趣。"在课堂教学中，要充分体现学生的主体性，通过研读探究，让学生在学习中发展能力，陶冶情趣。

【教学目标】

1.认识"戎、诸"等生字，会写"戎、尝"等字。

2.正确、流利地朗读课文，背诵课文。

3.能借助注释，了解文章的主要意思，并能用自己的话讲讲这个故事。

4.能解释"树在道边而多子，此必苦李"的原因。

【教学重难点】

借助注释，了解文章的主要意思，并能用自己的话讲讲这个故事。

【教学准备】

1. 要求学生利用导学单进行预习。
2. 多媒体课件。

【教学课时】

一课时。

【教学过程】

（一）猜故事导入，激发兴趣

1. 出示图片猜故事

根据图片说出小故事：《司马光砸缸》《曹冲称象》《孔融让梨》。

2. 简介《世说新语》

《世说新语》是南朝文学家刘义庆写的，它在古代文学史上有着重要的地位。书中记录了许多古代名人聪明的小故事，历经千年，依然鲜活生动。

设计意图："好的开端是成功的一半"，从有趣而又熟悉的故事引入，既让学生充满了兴趣，又给推荐阅读作了铺垫。

（二）读题释题

（1）板书课题，齐读课题。

（2）组织学生识记"戎"字，读准"戎"，不能读成"yóng"，指导书写"戎"，和"戒"比较，戎：左下部是"十"，不是"廾"。介绍"王戎"，知道王戎是"竹林七贤"之一。

（3）释题：课题中"取"的意思是什么？"道"的意思是什么？用自己的话说说题目的意思。

（4）质疑课题。

设计意图：本课识字量少，随文识字"有润物细无声"之效。通过比较，帮助学生掌握本课易写错或认错的字。

127

（三）正确、流利地朗读课文，感受文言文的韵味

1. 正确、流利地朗读课文

（1）自由读课文，要做到正确、流利。不认识的字用笔画出来，借助拼音或查字典的方式读准字音。读不通顺的句子反复多读几遍，要求读正确、流利。同桌再互相纠正读音。（板书：正确、流利）

（2）检查朗读情况。逐句朗读，抽查朗读，纠正读音。随文识字："竞"，比较"竞"与"竟"，用竞组词。

（3）整篇朗读。随机找学生朗读，如男生读，女生读，男女生比赛朗读，等等，重在以点带面，通过典型个例，再次纠正发音和语句读法。

2. 读出文言文的"味"

（1）听老师范读，感受文言文的韵味。说出读好文言文要注意：停顿、语速，在文中画出节奏。板书：停顿、语速——"味"。

王戎／七岁，尝／与诸小儿／游。看道边李树／多子折枝，诸儿／竞走取之，唯／戎不动。人问之，答曰："树在道边／而多子，此必／苦李。"取之，信然。

（2）自主练习读出"味"。

男女赛读，读完评价，找出不足之处，然后交流，纠正读错的地方，适当根据情况，再让学生读一读，再齐读，感受文言文的韵味。

设计意图：①同桌互读课文，既锻炼了胆量，又能从别人那里学到朗读的技巧。②变换形式读，指名读、范读、开火车读，两两读，这样学生既不能感到枯燥，也为能力弱的学生提供了帮助。③语文学习"以读为本"，从读正确、流利到读出韵味，不同梯度地读，层层深入，环环相扣，读中识字，读中领悟，熟读成诵，是学文言文的重要方法。

（四）借助注释，读懂故事

（1）小组结合注释说文章的内容，板书：借助注释、插图。

再读句子，一边读，一边对应注释，小组内一人说句子，其他组员说句意。说不完整的互相补充，然后选一人在全班汇报。一、二句的意思是：王戎七岁的时候，曾经和小朋友们一起玩耍。看见路边有棵李子树，结了很多李子，枝条都被压弯了。那些小朋友都争先恐后地跑去摘李子，只有王戎没有动。三、四句的意思是：大家问他为什么不去摘李子，王戎回答说："这树长在路边，还有这么多李子，这一定是苦李子。"摘来一尝，果然是

这样。

（2）说话加上语言、动作、心理、神态：看到满树的李子，小伙伴会想什么？说什么？干什么？神态怎么样？

（3）说说为什么"树在道边而多子，此必苦李"的原因。

学生联系自己生活中类似的经历，或者根据课文内容，说出自己对"树在道边而多子，此必苦李"的想法。

（4）感受人物形象。

讨论交流：你觉得王戎是个怎样的小孩呢？

（5）体现"之"的奇妙。

找出课文中的三个"之"，说说分别指什么？

设计意图："授人以鱼，不如授人以渔"，教给学生理解文言文的方法，提高学生学习语文的能力。

（五）练习讲述故事

1. 把故事讲完整

在小组内用自己的话把这个故事讲给组员听，再推荐组员汇报。

2. 把故事讲生动

根据汇报引导学生想象人物的语言、动作、心理、神态，在把故事讲完整的基础上讲生动。

设计意图：此环节的设计在于训练学生的说话能力及语言表达能力。

（六）背诵课文

（1）要求背诵。

（2）检测背诵。

（3）练习背诵。

（4）指名背诵。

设计意图：背诵古诗词，有意识地进行积累。在感悟和运用中提升自己的欣赏品味和审美情趣。

（七）作业布置

作业搜集更多的《世说新语》的故事或视频，感受经典文学的魅力。

设计意图：此环节和设计在于拓宽学生的阅读面，提升学生的思维能力。

（八）板书设计

王戎不取道旁李

诸小儿	竞走	正确、流利
王戎	不动	停顿、语速——"味"

（善于观察、善于思考）　　　结合注释、插图

《两小儿辩日》

【教材分析】

《两小儿辩日》是部编版语文教科书六年级下册的一篇文言文。文章讲的是古时候两个小孩凭自己的观察和感觉，一个认为太阳在早晨离人近，一个认为太阳在中午离人近。为此，各持一端，争执不下，就连孔子这样博学的人也不能做出判断。这个故事既渗透了要主动认识自然、探求客观真理，并大胆质疑的科学态度，也说明了知识无穷，学无止境，再博学的人也会有所不知，应该实事求是的道理。

【设计理念】

《两小儿辩日》一课语言简洁，全文仅一百多字。高年级学生学习文言文已有一定的基础，借助注释理解文意不是很困难。因此，在教学中，尽量让学生或自己或小组合作理解文意；老师作为引导者，引导学生采取多种形式读课文，在读中明白"辩"字的真意，在读中感悟文言文的魅力，在读中受到情感的熏陶和感染。

【教学目标】

1. 根据课后注释理解文章内容，并反复诵读课文，形成自己的独特感受，力争达到"熟读成诵"。

2.学生感受文言文的特点，产生学习文言文的兴趣。

3.学习两小儿善于观察、认真思考及孔子实事求是的科学态度，体会学无止境的道理。

【教学重难点】

1.学生正确、流利、有感情地朗读课文。

2.理解重点词句，体会两小儿是如何"辩"的，明白故事蕴含的道理。

【教学准备】

1.要求学生利用导学单进行预习。

2.多媒体课件。

【教学课时】

一课时。

【教学过程】

（一）诵读名言，导入板书课题

（1）创设情景，读孔子名言。

①展示名言，生读。

②生分享资料。

（2）板书课题，解题，理解"辩"字本意。

设计意图：活跃课堂气氛，融洽师生关系，通过朗读孔子的名言，理解课题意思，为后面的学习做好铺垫。

（二）诵读课文

（1）初读，读通、读顺。

（2）检查读准情况。

①指名读，重点点评"为""知"读音，其他随文指导。

②开火车一人读一段。

③齐读。

（3）读出节奏。

①听录音标节奏。

②指导有节奏朗读。

A.请同学们按标注的节奏练习朗读。

B.指名读。

C.老师范读，学生说发现老师范读的特点。

D.预设汇报：老师读得比较慢＼老师读得停顿很清楚＼老师读得声断气不断＼老师读得有滋有味……

E.生展示读（配乐）。

设计意图：在老师的引导下，采取多种形式的读，使学生读准、读顺、读出节奏，在读中感悟文言文的魅力。

（三）读懂课文

（1）回忆理解文言文的方法。

（2）运用方法理解文意。

（3）质疑解疑。

（4）汇报（相机指导：其、乎、决等难理解的词）。

（5）师生共同理解重点段（第4、5自然段），说理解方法。

（6）说完整篇文言文的意思。

（7）配乐齐读。

设计意图：现解文言文意思是高年级学生要学会的本领，高年级学生已初步掌握了学习文言文的方法，这个环节放手让学生根据掌握的方法结合注释理解文意，锻炼学生的理解能力。

（四）体会"辩"

（1）小组合作，厘清两小儿的观点及其理由。

（2）汇报文中"辩"的内容。

①指名汇报：两小儿的观点和理由分别是什么？相机板书。

②完成学习表格，见表1。（PPT出示表格）

表1

人物	观点	理由（依据）
一儿		
另一儿		

（3）读中体会"辩"。

① 小组合作读，练习读。

② 小组一表演读，师生同评。

③ 小组二再读，表扬进步。

④ 教师再引导把握好人物神态（会瞪眼、面红耳赤……）、动作（叉腰、拍手……）等。

⑤ 将生分成两组，师引读，引导变换语速、语调、加动作等读。

⑥ 师引读，师由慢到快，由平静到激动，引领学生读中体会"辩"的情境。

（4）引导感悟：这是一场_____的辩斗？

（5）感悟两小儿的人物特点。

设计意图："辩"是本文题眼，这里通过小组合作知"辩"，小组表演明"辩"，创设情景读中悟"辩"，从而深切体会"辩"的真谛，受到情感的熏陶和感染。

（五）客观认识孔子及两小儿

（1）孔子：学识渊博、实事求是。

（2）两小儿：善于观察、认真思考。

（3）读中感悟：生读，点评；师范读，齐读。

设计意图：感悟人物特点是本文的要求，在理解文意、文情后，再感悟人物特点就水到渠成了。

（六）默读，领悟表达特点

生分享发现：①句式一样（增强争辩效果）；②运用比喻（更加生动、形象）；③句未用语气词（用以肯定自己说的话）；④反问句（加强语气，增强气势，有说服力）；⑤先观点后依句（有条理）。

设计意图：通过学生默读，感悟表达上的独特之处。

（七）科普知识

播放录制好的小视频，解释本文所含的科学知识。

设计意图：直观地科普本文所含的科学知识。

（八）试背

（1）出示提示语试背。

（2）隐去提示语试背。

设计意图：由易到难，让生熟读能背。

（九）作业布置

（1）收集与孔子有关的名言。

（2）完成文言文练习。（印好发给学生）

（十）板书设计

两小儿辩日

一儿：日始出近，日中远　远小近大

善于观察、认真思考；

另一儿：日初出远，日中近　近热远凉

孔子：不能决　　　　　　　实事求是

核心素养视角·"快乐读书吧"教学设计

《读读童话故事》

【教材分析】

《读读童话故事》是部编版语文教科书二年级上册第一单元"快乐读书吧"的内容。在一年级《读书真快乐》及《读读童谣和儿歌》的基础上，本次"快乐读书吧"推荐的是《读读童话故事》，由"书目推荐"和"提示语"两部分组成。"书目推荐"引导学生发挥想象力读童话，这些童话都是中国优秀的儿童文学作品，故事新奇有趣，文字浅显易懂，适合二年级学生阅读。丰富的推荐书目让学生的自主阅读有了更多的选择空间，能进行更广泛的课外阅读。在推荐书目之后，还引导学生借助书名猜测故事的主人公和情节，再进行阅读，激发学生的阅读兴趣，同时渗透读书的方法和策略。

【设计理念】

语文课程第一学段阅读与鉴赏的要求：让学生喜欢阅读，感受阅读的乐趣。本课教学设计特色是：通过阅读浅近的童话故事，激发学生的阅读兴趣，使他们对感兴趣的人物和事件有自己的感受和想法，同时养成爱护图书的习惯。

【教学目标】

1. 培养阅读童话故事的兴趣，能自主阅读自己喜欢的故事，能了解故事的主要内容。

2.认识书的封面，了解书名、作者等基本信息，初步养成爱护图书的好习惯。

3.初步学习制作阅读记录卡，乐于与大家分享自己课外阅读的成果。

【教学重难点】

1.能自主阅读自己喜欢的故事，能了解故事的主要内容。

2.能初步根据书名猜测书的主要内容，通过读封面、读作者、读目录等方式，学习阅读一本书的方法，初步学会制作阅读记录卡，初步养成爱护图书的好习惯。

3.通过导读课，激发学生的阅读兴趣，阅读与"快乐读书吧"配套的图书及相关作者的图书。

【教学准备】

1.要求学生利用导学单进行预习。

2.多媒体课件。

【教学课时】

一课时。

【教学过程】

（一）激趣引入，看图猜故事

（1）看图片猜故事名称。

（2）读文章片段猜故事名称。

（3）揭题引入。

设计意图：以学生最感兴趣的猜一猜引入，吸引学生的注意力，充分调动了学生的学习积极性。

（二）认识封面，了解信息

（1）创设情境，激发兴趣。

童话王国的朋友们来迎接我们了，它们是谁呢？它们给我们带来了五本童话故事书。

（2）看书本封面，了解封面信息。

　　设计意图：通过创设童话王国的情境，增加趣味性，引导学生注意书名、作者、出版社、图画等信息，为接下来的快乐阅读做好铺垫。

（三）学会方法，品读故事

（1）看书名猜故事。

（2）听老师讲故事。

（3）品味情节，说说你觉得哪里最有趣？

①请同学们用自己喜欢的方式读读文段，把有趣的地方多读几遍。

②品读精彩片段。

③质疑：你们有什么不明白的地方吗？

（4）学法指导：联系上下文理解词语的意思，是很好的学习方法。

　　师小结：阅读时，我们要学会联系上下文猜测词语的意思。

（5）尝试复述故事。

①找出你觉得这个故事最有趣的地方。

②小组内尝试复述故事精彩片段。

③学生讲故事，评选故事大王。

④爱护书本教育。

⑤你会如何爱护书本？

⑥我们要从小养成爱护书本的好习惯。

　　设计意图：我们看童话故事时要关注书里的插图，这样可以帮助我们记住这个有趣的故事，这是一个很好的阅读方法。渗透爱护图书、保护图书的意识。

（四）制订计划，持续阅读

（1）参考别人的阅读计划。

（2）动手制订阅读计划。

　　设计意图：通过设计阅读计划，根据学生的实际情况，让学生在一定时间内完成阅读，持续激发学生阅读童话故事的兴趣。

（五）记录过程，阅读留痕

（1）参考同学的阅读记录卡。

（2）动手制作阅读记录卡。

　　设计意图：在阅读过程中，为鼓励学生自主阅读，我们可以制作简单的阅读记录卡，记录书名、作者、自己的疑问、印象深刻的内容、喜欢的句子等，让学生的阅读留下一点"痕迹"。

（六）推荐书目，"悦读"成长

老师推荐几本有趣的童话故事书，学生们也可以成立读书小组，相互推荐读物，不定期分享读书心得，共同进步。希望同学们在童话故事里享受阅读的快乐。

（七）板书设计

读读童话故事

核心素养视角·"口语交际"教学设计

《注意说话的语气》

【教材分析】

这是部编版语文教科书二年级下册第一次口语交际活动,内容聚焦"注意说话的语气",通过引导语和两组句子的对比朗读,使学生明白不同的语气会带来不同的交际效果,恰当的语气能使沟通顺畅、愉快。此次口语交际侧重提升"说"和沟通的能力,在一年级下册使用礼貌用语向他人求助,二年级上册用商量的语气与人沟通交流,把自己的想法说清楚的基础上,提出了进一步的要求:"注意说话的语气""说话的语气不要太生硬"。这既是对学生"使用恰当的语气"方法的具体指导,也是教材对口语交际要求的落实。

【教材理念】

口语交际的教学要点是引导学生学会礼貌地交流,会使用恰当的语气跟人沟通。所以在这节口语交际课上,我会用一个实际情景导入本课,让学生不会停留在课本上,而是感受到生活中这些事情经常发生,从而紧密地与学生的实际生活联系在一起。教学上采用讨论谈话的方法,让学生动脑筋思考如何解决问题,使学生在日常生活中碰到类似的情况会表达、会解决,提高学生的交际能力。整节课,把话语权交给学生,让他们充分地说,充分地表达,提高学生的自主性,真正做到课堂教学以学生为主。

139

【教学目标】

1.知道与人交流时，语气不同会有不同的效果，懂得使用恰当语气在与人交流过程中的重要意义。

2.明确说话时的语气要求，做到语气柔和、不生硬，交流中避免使用命令的语气。

【教学重难点】

1.懂得使用恰当语气在与人交流过程中的重要意义。

2.能够学以致用，学会在说话时使用恰当的语气。

【教学方法】

模拟情景法、互动交流法、小组合作法。

【教学准备】

多媒体课件。

【教学课时】

一课时。

【教学过程】

（一）故事导入，引入话题

1.师讲故事:《小兔送白菜》

PPT出示:

小兔种的白菜收获了，它推着满满一车白菜往家走，走在路上的时候，遇到了小猪和小羊，小猪说:"小兔，我的肚子正好饿了，来，把你的白菜送我两棵! "小山羊说:"小兔妹妹，你好! 你的白菜可真新鲜啊，请你送我两棵，好吗? "

师: 如果你是小白兔，你更愿意把白菜送给谁呢? 为什么呢?

2.导入新课

师: 是呀! 我们在与别人说话的时候，如果语气恰当，别人听起来就会觉得很舒服，也会愿意和你交流。今天这节课，我们的口语交际就是《注意说话的语气》。

3. 板书课题

注意说话的语气。

设计意图：兴趣是最好的老师，小学生喜欢听故事，从故事入手，更吸引学生的注意力。

（二）探究交流，明确主题

（1）师：请同学们打开书本自由阅读。说说你读懂了什么？

预设：

说话的时候，使用恰当的语气，能让听的人感到舒服。

说话的时候要有礼貌。

（2）师做小结。

过渡：通过预习，我们初步掌握了与人交流的技巧，说话语气的不同，会产生不同的效果，现在就让我们走进有趣的生活中去感受一下吧。

设计意图：通过检查学生的预习情况，根据学生提出问题就能了解学生的理解程度。在教学中，有针对性地讲解会产生事半功倍的效果。从学生方面讲，学生通过预习，动脑、动手，发现和解决了一部分问题，就能着重听不懂的地方，结合自己理解的内容，解答问题。同时，与教师的思路相对照，从而培养学生的自学能力。

（三）创设情景，体会语气

（1）出示句子。

师：排队时不小心踩了同学一脚，写字时不小心碰了同桌，把他写的字碰歪了……这时我们就需要道歉。

师：我们来看看这两个句子，你发现了什么不同？（第一句用了感叹号，第二句用了句号）

师：你能读出感叹号和句号的不同语气吗？

（2）师示范读或指名读。

师：这两种不同语气的道歉，你们觉得哪一种更恰当呢？

师：虽然是同一句话，但第一个句子用了感叹号，语气显得比较生硬，我们在请求别人原谅时，如果语气过于生硬，别人听起来也会感觉你的道歉没有诚意。如果我们语气轻柔一点，就会显得我们的道歉非常诚恳，这样就容易被别人接受。

（3）生自己练习对比朗读，体会语气。

小结：我们在请求别人原谅时，一定要态度诚恳、语气柔和、不生硬，这样才能让听的人感到舒服。（相机板书：**语气柔和、不生硬**）

过渡：同样的话语，用不同的语气，产生的效果就不一样，与同学相处是这样，在生活中，与身边的人相处也是这样。

（4）师：公交车即将到站，小华要下车了，可是一位阿姨站在过道中间，挡住了小华的去路，小华怎样跟阿姨说呢？

（5）出示句子，师生合作读。师读第一句，指名读第二句。

师：你觉得哪种语气好一些？（第二种）同学们，你们发现没有，我们在说这句话的时候都用到了一个表示礼貌用语的词？（请）既然我们都注意了礼貌，为什么你们喜欢第二句的语气呢？（第一句使用了命令的语气，不容易被人接受，第二句用的是商量的语气，更容易被人接受）

（6）自己练习对比朗读，体会语气。

师小结：在请求别人或对别人提出要求时，尽量用商量的语气。同时，如果是对长辈、老师等说话时语气一定要柔和、讲礼貌，千万不要使用命令的语气。（板书：**语言文明、不命令**）

（四）示范交际，小结方法

师：同学们，我们学会了用恰当的语气与人交流，现在，我们来看看在生活中如果遇到这些问题，应该怎样沟通解决呢？

1. 出示情境图

（妈妈让我学钢琴，我想学画画，怎么和妈妈说呢？）

（1）同桌讨论，把你的想法与同桌交流一下。

（2）教师指名说，并给予恰当的评价和补充。

师：你觉得应该用怎样的语气和妈妈沟通？

（示例：妈妈，比起钢琴我更喜欢画画，我画画画得很好，老师经常表扬我，我想学习我喜欢感兴趣的东西，所以，妈妈请您允许我学习画画吧！）

（3）师：现在老师当丽丽的妈妈，谁愿意和我演一演。指名学生上台和老师演一演。

师：请同学们仔细看、认真听，同时还要想一想：这个小朋友和妈妈交流的时候，哪一点最值得你学习。

2. 指名谈收获

再次体会语气的重要性，同时强调把想法说清楚。（板书：想法、原因、理由）

设计意图：本环节教学为学生设置了两个对话情境，让学生"跳起来摘苹果"，教师不断地创设阶梯，给学生增加难度。让学生初步明白口语交际的一些技巧。在活动中，教师作为这次口语交际的参与者、合作者，首先向学生示范与人交际的过程，这样学生就有了初步的印象。因为有了老师的示范，他们开始有目的地模仿，为后面的拓展训练做了有力的铺垫。举一是为了反三，小结口语交际的技巧也在情境中生成，环环相扣，水到渠成。

（五）互动交流，评价提升

1. 创设情境，小组交际

师：同学们，我们进一步学习了用恰当的语气解决生活中的问题，现在我们继续展现几个说话的场景，相信你们会更有启发的。

2. 出示两种情景

指名说一说在沟通过程中应该注意什么？

（1）上学迟到了，老师批评了我，下课后我对老师说……

（2）看到同学洗手后忘了关水龙头，我会跟他说……

预设：

第一种应该说清楚迟到的原因，道歉时语气应该诚恳，不能太生硬，争取老师的原谅。

第二种应该指出哪里做得不对，同时说清楚应该怎么做，使用商量的语气，不能命令。

3. 小组进行情境演练

小组合作交流。

要求：

（1）组长做好分工，每人都发表自己的意见。

（2）评选最佳解决方法。

（3）小组长小结说话的注意事项。

4. 根据提示演一演

小组推荐两名同学汇报表演，指名当评委评价。（如果提出建议，可修改后再汇报一次）

（1）学生开始表演。

①声音洪亮，吐字清楚。

②表演形象，表现大方。

③语气恰当，效果理想。

（2）做文明听众，不要打断别人的表演。

（3）学生评价，评出最佳合作小组、最佳口才奖。

学生评价完成后，请说一说评选理由。

5. 颁奖

师：评委有明亮的眼睛和敏锐的听觉。请评委宣布最佳口才奖的获得者并进行奖励。

（六）链接生活，拓展交际

师：经过了我们共同的讨论交流，大家已经学会了如何通过良好的沟通来解决实际问题。在生活中，你们有没有因为不注意说话语气而造成不愉快的场景？有没有改进的方法？

（七）课堂小结

师：同学们，说话也是一门艺术，要想让自己真正在交流的过程中被别人喜欢，那么我们就要时刻注意自己说话的语气，（指板书）不仅要使用文明用语，而且要努力做到语气不生硬、不命令，这样，人与人之间的关系也将更加和谐。

（八）作业布置

请你学着用和气、恰当的语言跟同学和家长交流，感受这样的交流给自己和他人带来的好处！

（九）板书设计

注意说话的语气

语气柔和、不生硬

语言文明、不命令

《应该怎么办》

【教材分析】

《应该怎么办》是 S 版课标语文教科书四年级下册百花园六的"能说会道"中的内容。本次"能说会道"的话题是受到了委屈或者委屈了别人应该怎么办。此话题与学生生活贴近，话题内容宽泛，易于学生表达。

这次"能说会道"有两项内容：一是和同学说说你受到委屈的一件事和令你难受的事情，请同学帮助消除内心的痛苦；或者说一说你使别人感到委屈的一件事和令你内疚的事情，请同学帮你想办法，应该怎样向受委屈的同学道歉。二是互相交流，当自己受到委屈或者使别人受到委屈应该怎么办？

【教学理念】

四年级学生通过学习、积累，已经具有一定的倾听、表达能力，在此基础上，通过具体的交际情境，进行口语交际训练，让学生在生与生、师与生的交流互动中学以致用，提高学生的口语交际能力，培养学生良好的语言习惯，从而更好地和别人进行沟通。

【教学目标】

1. 懂得受到委屈时不能着急，要有礼貌地说清事情，委屈别人时能诚恳地道歉。

2. 叙述事情做到清楚明白，能说出真实感受和想法，能按照一定的顺序把事情的来龙去脉说清楚，把人物的内心活动真实地说出来。

3. 能积极主动参与能说会道活动，帮助受委屈的同学消除内心的痛苦或帮同学想办法向受委屈的同学道歉，不理解的地方向人请教，不同的意见与人商讨，感受交际的乐趣。

4. 提高学生倾听、表达、交往及应对的能力。

【教学重难点】

1.学生能按要求叙述事情，叙述时按一定顺序把事情说清楚，能说出真实感受和想法，帮助受委屈的同学消除内心的痛苦或帮同学想办法向受到委屈的同学道歉。

2.学生能在具体情景交际中努力做到自己受到委屈时不着急，有礼貌地进行解释，或者使别人受到委屈时要态度诚恳地向别人道歉。

【教学准备】

课件、学生完成导学案。

【教学课时】

一课时。

【教学过程】

（一）创设情境，引入话题

（1）观看一个视频。（PPT 出示）

（2）看了视频，你有什么想说的?

（3）遇到这些情况，我们应该怎么办? 这就是我们这节课要交流的内容《应该怎么办》。（板书课题：应该怎么办）齐读课题。

设计意图： 教学时，首先要激发学生的交流兴趣。学生一旦对某件事情、某个话题产生兴趣，他们就会积极主动地全身心投入。在这个环节中，出示的视频已经激起了学生对"应该怎么办"这个话题的兴趣。

（二）明确要求

（1）请打开书本，读一读，边读边想：这次"能说会道"要求交流什么?

（2）生读，汇报：读了课文，我知道这次"能说会道"要求交流：自己遇到委屈的事或者委屈别人的事，应该怎么办?

（3）师：在生活、学习中受到委屈或委屈别人的事可能很多，我们说的时候要注意什么?

（学生汇报：我们要选择觉得最委屈的事情来讲，要把这件事的经过讲清楚明白，还要说说当时的真实感受。）

师：刚才我们明确了说的要求。现在我们作为听众，又应该怎么听呢？（专心、认真）师：对，有不同意见的可以听完后提出来。

设计意图： 学生对"应该怎么办"这个话题产生了兴趣，但怎样处理呢？学生却难以表达。为此，我先让学生明确交际的要求，要学生明白说什么、怎么说、说的时候要注意什么；听的同学听什么、怎样听。

（三）互动交际

过渡： 明确了说和听的要求，现在我们就来讲述自己受到委屈或委屈别人的事。

1. 小组交流

师：同学们，我们每个人心中都有一件自己受委屈或委屈别人的，令我们印象最深刻的事儿，先在小组内相互交流。

（小组交流：①跟同学说一说你受委屈的一件事和令你难受的事情；或者说一说你使别人受到委屈的一件事和令你内疚的事情。②当自己受到委屈或者别人受到委屈的时候，应该怎么办？）

师：小组内轮流说，注意同学说的时候，其他同学要认真听，听完后，向他请教，与他交流，或者补充评价，最后选出小组内讲得最好的同学在全班交流。

2. 汇报展示

过渡： 刚才大家交流得很投入，哪个小组的同学愿意来展示？

选择4~8个小组代表来讲述自己的事情。自己受委屈或者委屈别人两种事情，学生可以选择其中一种来讲。

师：对于他说的，有什么要提问或者补充的吗？他的事情解决了吗？

师注意听，相机点拨。对学生所讲的自己受委屈的事，如果事情没有得到解决，重点引导学生如何安慰这个同学，怎么帮助同学消除内心的痛苦。

对学生所讲委屈了别人的事，如果事情没有得到解决，重点引导学生从帮助同学想办法，应该怎样向受委屈的同学道歉入手交际。

3. 明确做法

师：刚才同学们讲述了自己受委屈和委屈别人的事，现在我想问问大家，当我们受委屈或者委屈了别人时，到底应该怎么办呢？

学生畅所欲言。

师：如果别人不相信你，应该怎么做？（解释，或者找证据证明自己，向别人倾诉）

师：你们有更好的办法帮他吗？学生自由回答。（自己做得不对，就要说对不起，而且要诚心诚意地说）

根据学生的回答，老师相机引导，并板书。（板书：解释、道歉）

小结：当我们受到委屈或者委屈别人时，应该怎么办？（让学生看着板书小结：当我们受到委屈时要不着急、有礼貌地把事情解释清楚；委屈了别人时要态度诚恳地向别人道歉。）

设计意图：注重培养学生自主探究的能力是我们的教学目标，所以让学生明确要求后，启发学生回忆生活，回忆自己受到委屈或者委屈别人的事，还原真实的生活，让学生有话可说，在此基础上，再组织小组活动，互相讨论、自由表达、自由发挥，想办法解决问题，最后选择部分学生来展示。这样做有效地提高口语交流的主动性和积极性。

（四）具体情境中交际

过渡：我们明确了具体做法后，如果再遇到这种情况，你们会运用今天所学的方法来解决问题吗？

1.PPT出示两个情景，指名学生读情景内容

情景一：一个同学丢失了一支和你一样的笔，他责怪你私自拿了他的东西。

情景二：你走过有果皮纸屑的地方，没有弄清楚情况，就批评旁边的同学不讲社会公德。

2.学生根据要求，进行活动

PPT出示：

要求：同桌分配角色，扮演这两个同学，运用所学方法，通过语言交流，解决事情。

3.展示交流

哪桌同学愿意来向大家展示一下。老师根据交际情况，适时点评和引导重点在于学生能否不着急、有礼貌地进行解释，或者是否诚恳地向别人道歉。

设计意图：口语交际是在特定的环境中产生的语言活动。所以，我设计的第四个环节是具体情境交际，让学生从生活实际出发，密切联系学生已有的经验，创设情境，使学生回归生活，并能学以致用，服务生活，这才真正体现了口语交际的工具性特点。

（五）拓展

接着我们来进行一个练习，看看大家的掌握情况。

（1）PPT出示训练案，学生独立完成。

PPT出示：

训练案

① 在以后的生活、学习中，如果再次遇到自己受到委屈的事，你会＿＿＿＿＿＿＿＿；当你委屈别人时，你会＿＿＿＿＿＿＿＿。

② 写一件自己受委屈或者使别人受到委屈的事，并写一写自己当时真实的感受；然后写一写自己是怎样向别人解释的，或者怎样向别人道歉的。

（2）展示（选择两个学生的练习来展示）。

（六）小结

今天我们学习了口语交际应该怎么办：当自己受到委屈时，应该（解释）；当委屈别人时，应该（道歉）。尽管委屈可能时刻相伴，同学们，相信委屈只是暂时的，咬紧牙关，前面就是一片光明。如果你独自承受不了，我、你的朋友，随时听你的倾诉。

（七）板书设计

应该怎么办

自己受到委屈　　解释

委屈别人　　　　道歉

《观察中的发现》

【教材分析】

《观察中的发现》是人教版语文教科书三年级上册第四单元"语文园地四"中的"口语交际"的话题。本单元专题是"细心观察"，在导语中就建议学生留心观察，四篇课文从不同角度反映了人们在观察中的发现：教材编排

《花钟》《蜜蜂》《玩出了名堂》《找骆驼》四篇课文，让学生感悟细心观察的方法和结果，并在课后引导学生观察周围的花和其他事物，写观察日记，安排小练笔"写写玩中的乐趣或收获"，为这次"口语交际"提供了丰富的、可比照的材料，并为学生进行口语练习做了很好的铺垫。《观察中的发现》让学生说说最近观察了什么，有哪些新的发现，以三个小朋友对话的形式提示了交际的内容，导向明确，即生活中各种有趣的现象。渗透着细心观察的思维品质和良好习惯的培养，较好地体现了课程目标。

【教学理念】

创设交际情境，为学生提供口语交际的平台，充分体现听和说的双向互动，促进人与人之间的交流和沟通。面向全体，举一反三，加强实践，让学生既掌握观察的方法和注意点，又提高口语表达能力。

【教学目标】

1. 理解什么是"发现"，体现发现过程的乐趣。

2. 能清楚明白地讲述在大自然、生活中的有趣发现，把发现了什么和是怎么发现的说清楚。

3. 发展学生的思维，培养学生留心观察的意识和习惯。

【教学重难点】

能清楚明白地讲述自己在大自然、生活中的有趣发现，把发现了什么和是怎么发现的说清楚。

【教学准备】

两杯水、鸡蛋、盐。

【教学课时】

一课时。

【教学过程】

（一）谈话引入

同学们，今天我们三年级（1）班来了一位特殊的客人，想认识吗？出示——乐迪。它是谁？跟它打个招呼吧？（学生汇报）

乐迪也有话跟大家说（PPT出示：大胆说、认真听）。学生齐读。

师：同学们，如果你们在这节课上，做到了这两点，在交流的时候能做到态度自然大方，就可以收到乐迪送出的礼物，有没有信心？

设计意图：兴趣是让学生进入学习最好状态的好方法。通过学生喜闻乐见的卡通人物"乐迪"，既能使学生迅速进入学习意境，又能锻炼学生的语言组织表达能力。

（二）什么是"发现"

师：好！同学们，乐迪要给我们送包裹快递啦，让我们一起欢迎它！（掌声）（播放视频，PPT出示盒子）

师：老师需要一个小助手帮忙解开谜团。好，请你来！谁能猜猜乐迪送给我们的礼物是什么呢？

师：你看到了什么？你说。

师：那你猜这是什么东西？

师：你来猜猜——

师：它究竟是什么？看看你还可以用什么方式给大家一点提示。

生1：可以闻一闻。

师：闻闻吧！

生1：有一股酸酸的味道。

师：谁再来猜猜——

师：真的是苹果醋吗？赶快尝尝！

师：这样吧，你把你观察到的，连同你的猜测给大家介绍介绍。

生1：这是一杯褐色透明的液体，它有一股酸酸的味道，尝一尝，除了酸，嘴里还有一种火辣辣的感觉。我猜测，这是苹果醋。

师：被你猜中了，你真了不起，通过看、闻、尝发现了乐迪送给我们礼物的秘密。

师小结：同学们，像这样用看、听、闻、尝、摸等方式去感受事物的现

象、变化，并能寻找事物内在的规律，就叫——发现。（板书：发现）

这就是我们这节课要学习的内容，请同学们打开书本，齐读——

设计意图：以包裹快递的形式呈现实验材料是为了激发学生探究的欲望，设计悬疑让学生猜一猜并通过观察、闻一闻、尝一尝等方法明白什么是发现，体现自主探究的教学理念。

（三）我的发现

师：同学们，法国著名雕塑家罗丹说过："生活中从不缺少美，而是缺少发现美的眼睛。"用你像翠鸟一样透亮灵活的眼睛看看今天的课堂有什么不同？用一句话简要地说说你的发现。（教室、师、生等）

（生汇报）

……

师：同学们真了不起，在我们身边就发现了这么多。下面让我们走进大自然、走进生活，看看你发现了什么？

（PPT 出示图片或动画）谁来说说你的发现？

（生汇报）

小结方法：声音响亮、具体（时间、地点、怎样发现、为什么会这样？）

设计意图："七嘴八舌"说发现，发散学生的思维，培养学生的观察能力。

（四）小组交流再分享

（1）你觉得哪个最有趣呢？

（2）走到你认为最有趣的同学那里交流。

（3）反馈、分享。

（气象、动物、植物、生活）

设计意图：加强学生的合作学习，提高学生交流及发现问题的能力。

（五）评选"发现之星"

刚才，这几个同学说出了自己最为有趣的发现，而且把他们的发现过程说得清楚、明白。下面我们一起来评选这节课的"发现之星"。

（1）把你要评价的同学的优点（事前准备好的卡片）贴在黑板相应的位置上。

（2）根据黑板上获得卡片的多少评选出"发现之星"。

设计意图：这样的评价，既培养了学生认真倾听的习惯，又培养了学生组织语言的能力。

（六）谈话小结，激励孩子多探究

同学们，通过这节课的交流与分享，我们发现了很多有趣的现象，并知道了为什么会出现这种现象？你们真是太了不起了。你们知道吗？一位十二岁的小女孩通过自己的观察、研究拥有了属于自己的发现呢！我们一起来了解一下。

同学们，王利（化名）的发现是属于她自己的。如果想要像王利有所发现与创造，就必须用心观察生活，多问几个为什么？还要动手去实验、研究，我相信下一个获得诺贝尔奖的科学家就会在你们当中诞生。

最后老师再带大家走进大自然欣赏一些有趣的现象。

（七）课外延伸

大自然里有许多奇妙、有趣的现象等着我们去发现、去探索！课后请同学们用本节课学到的方法继续我们的发现之旅吧！老师推荐你们阅读《昆虫记》这本书，这本书里边有许多观察、发现动物的好方法！

（八）板书设计

《商量》

【教材分析】

《商量》是部编版小学语文二年级上册"口语交际"的内容。在日常生活中，我们经常需要与他人商量事情。学会使用恰当的方式进行商量是不可或缺的交际能力。本次"口语交际"引导学生在具体问题情境中开展与人商量的交际活动，培养学生与人商量的基本能力。

【设计理念】

《义务教育语文课程标准（2011 年版）》明确要求学生："具有日常口语交际的基本能力，学会倾听、表达与交流，初步学会运用口头语言文明地进行人际沟通和社会交往。"本课借助贴近学生生活的交际情境引出话题，利用三个泡泡提示商量时要注意的问题：找人商量时要先说清楚来意，要说清楚商量的事情和理由；即使遭到拒绝，也要讲礼貌，不能勉强别人；让学生懂得商量、会用商量。

【教学目标】

1. 和别人商量事情，要用商量的语气。
2. 商量时，把自己的想法说清楚。

【教学重难点】

1. 明白什么是商量的语气，用商量的语气和别人商量事情。
2. 商量时把自己的想法说清楚，要有礼貌。

【教学准备】

多媒体课件。

【教学课时】

一课时。

【教学过程】

（一）故事激趣，引出话题

（1）听老师讲故事，想一想他们在做什么呢？

（2）引入课题，理解"商量"。

设计意图：贴近日常生活的课堂导入能帮助学生尽快融入课堂，常见的生活情境让学生很自然地产生表达的欲望，思考遇到这些常见的问题自己该怎么解决，进而体验到遇事商量很有必要。

（二）借助范例，学习商量

（1）读第一个泡泡内容，你知道了什么？小明还可以怎样说呢？

（2）小丽听到了，可以怎样回应？

（3）读第二个泡泡内容，你知道了什么？在商量过程中，要说清楚商量的内容，尤其是原因，以便争取对方的同意，还要注意用商量的语气，避免生硬的语气，还可以怎样说呢？

（4）小丽可能怎样回应？

（5）如果小丽同意了，小明应该如何回应呢？

（6）请看第三个泡泡，如果被拒绝了，也要有礼貌的反应，不能勉强别人，还可以怎么说呢？

（7）对比不恰当的应对，思考商量时要注意的问题。跟别人商量，要注意语气，不能命令别人。

（8）小结商量的技巧。

设计意图： 借助例子，使学生感受商量时要注意的语气、语调、礼貌等，理解商量小妙招，为下面的学习做好铺垫、引路。

（三）角色扮演，运用商量

（1）选择一个情境，根据评分表格进行小组合作，练习有效商量。

（2）小组上台演一演，对同意、不同意结果的处理方式。

（3）师生评价，选出最佳表演、最佳听众。

设计意图： 设置情境，角色扮演，评选最佳人物，营造略带紧张的交际氛围，使学生感受不同情境下人物的语气、语调、语速变化，理解"冷静思考、清楚讲述"的道理。明白我们与人商量时一定要多注意说话的方法，待人有礼、说话清楚是最重要的。如果商量没有成功，我们也要对人有礼貌。

（四）拓展练习，巩固提升

（1）你学会了"商量"的技巧，那么再遇到下面一些事情，你知道该怎么做了吗？

（2）按照方法，创设情境，学生再次练习"与人商量"的过程。

（3）联系生活，实践应用。

请同学们想一想自己最近有什么需要与同学或老师商量的事情？

设计意图： 引导学生回归生活实际的交际情境，真正从生活实际、从身边小事出发，体验到学会商量的重要性，从而有效地调动他们内在的情感体验，学会正确处理这些常见问题的方法。

（五）课堂小结

教师小结：同学们，在日常生活中，我们常常需要和别人商量事情。希望大家记住今天学到的小妙招：恰当的称呼、商量的语气、清楚的表达、礼貌地回应，相信它们一定会帮助你解决生活中的问题！

（六）作业布置

想想你最近有什么事情需要和家长或朋友商量，请你运用本节课所学技巧，与对方好好商量一下吧！

（七）板书设计

口语交际：商量

用商量的语气
把自己的想法说清楚

《我喜欢的动物寓言故事》

【教材分析】

《我喜欢的动物寓言故事》是 S 版课标语文教科书四年级下册百花园七"语文大课堂"的内容，也就是口语交际，要求学生用读书卡的形式记录自己喜欢的动物寓言故事，并说一说，演一演，或画一画。

故事是伴随着每个孩子长大的，寓言故事则是儿童时期乃至少年时期必不可少看或学习的，从学生识字开始至现在，都看过或学习过很多的寓言故事，特别是动物故事，所以，教材编排的这个"口语交际"内容，学生会很喜欢，说的积极性也会很高。对于四年级的学生来说，大部分学生的语言表达能力比较强，并且乐于积极表演。所以，教师在教学时，可以引导学生大胆地说，把动物寓言故事说完整，甚至是声情并茂地讲，还可以鼓励学生把喜欢的动物寓言故事演一演、画一画。激发学生对故事的喜爱之情，潜移默化地引导学生热爱看书，汲取更多的知识。

【教学理念】

四年级学生的阅读能力较强，整体的语言表达能力还不错，对小组合作探究的学习方式也是驾轻就熟。平时，学生对小组学习语文的兴趣也比较浓，教学本次"口语交际"内容时，通过哲理性的话语引发学生的学习热情，通过学生熟悉的动物寓言故事的再现，激发学生说的欲望，经过学生在小组的分享交流、自主的畅谈再到班级的展示甚至是小组合作表演，提高学生的语言表达、逻辑思维、小组合作等能力，锻炼学生的胆量，使其养成良好的学习习惯。

【教学目标】

（一）知识与技能

1. 培养学生的阅读能力、倾听能力。

2. 培养学生搜集资料、处理资料的能力。

3. 发展学生的逻辑思维及合作、交流的能力，提高学生的口头表达能力。

4. 培养学生的想象能力，了解怎样编写动物寓言故事。

（二）过程与方法

1. 设计合理、有趣的导学案，学生提前搜集有关材料，做好准备。

2. 再现学生熟悉的动物寓言故事，激发学生说的热情。

3. 设计小组的交流活动，激发每个学生都参与说话训练、表演活动。

4. 通过小组交流、表演，促进学生说话能力的提升，增强小组团结合作的精神，增进小组的凝聚力，也使个人的才能得到发展。

（三）情感态度与价值观

1. 学生有交流的欲望，愿说、乐说，更好地发展自己的语言表达能力。

2. 学生能对动物寓言故事有所了解，明白寓意，指导学习和生活。

3. 引导学生阅读更多的优秀故事，汲取人生智慧，变得越来越聪明，并从小树立正确的思想观和价值观。

4. 懂得尊重他人，安静地、认真地倾听。

【教学重难点】

（一）重点

1. 激发学生说的热情。

2. 会记录读书卡片，激发每个学生都参与说话训练、表演活动。

（二）难点

学生声情并茂地讲故事、演故事。

【教学准备】

多媒体课件。

【教学课时】

一课时。

【教学过程】

（一）哲理引入

（1）师配乐朗诵：高尔基说："书籍是人类进步的阶梯。"臧克家说："读过一本好书，像交了一个益友。"关于读书的好处，实在太多太多了。书里的故事更是让我们明智，让我们学会怎样生活。

（2）大家从识字到现在，一定看过或学过很多的故事，在这些故事中，有很多都是寓言故事（板书：寓言故事），谁还记得寓言故事有什么特点？指名说，评价。并展示句子：一个深刻的道理，包含在一个有趣的故事中，这就是寓言的主要特点。学生齐读一次。

（3）师：有的寓言故事表面上讲的是动物之间的事，其实还是为了教育人，我们读后也会受到很大的启发。（教师相机在文字"寓言故事"前板书：动物）学生齐读课题。

（4）请大家忆一忆：看过或学过哪些动物寓言故事？指名回答。

（5）猜一猜。

下面，咱们来猜一猜下面这幅图画讲的是什么动物寓言故事。（PPT播放图片，生猜）

师：看来同学们都是爱读书的好孩子。今天，我们就一起说说喜欢的动物寓言故事（在文字"动物"前板书：我喜欢的）。生读课题。

（6）谈一谈。

师：进行口语交际的时候，说的人要注意什么？听的人又要注意什么？（生回答，师相机板书）

设计意图：通过诗意的引入，让学生喜欢与书交朋友，自然切入回忆寓言故事的特点；通过看图猜故事，激发学生学的兴趣，并由此激发学生说的兴趣。

（二）自由畅谈

（1）师：之前，老师要求你们做了读书卡片，把自己喜欢的寓言故事记录下来。下面，请大家在小组里，和小伙伴们说一说自己喜欢的动物寓言故事，再评一评谁的读书卡做得好。

（2）PPT出示读书卡片，如图1所示；PPT出示交流要求，如图2所示。

图1　　　　　　　　图2

（3）检查、评价、表扬奖励读书卡做得好的同学。

设计意图：小组分享读书卡，既是对学生预习的检查，也是对学生语言表达能力、逻辑思维能力、概括能力的训练。说的过程也是听的过程，能很好地体现口语交际的特点，并通过评价、表扬奖励机制，尊重学生的劳动成果，激发学生更认真地学习。

（三）快乐展示

1. 讲故事

师：刚才，在小组里，谁说故事最厉害？请上来向大家展示风采。（指名3~4人讲故事，评价）

2. 演故事

过渡：动物寓言故事不仅说着有趣，演着也很有趣，请小组同学合作表演一个动物寓言故事。

指名小组上台展示表演故事，评价。

3. 画故事

（1）师：有些同学不仅会讲故事、演故事，而且会画故事呢！让我们一起来欣赏他们的佳作。

（2）展示学生绘画的动物寓言故事，欣赏、点赞。

4. 编故事

（1）师：动物寓言故事真有趣！你能不能当小作家，也来编一则动物寓言故事？

（2）大家议一议，编怎样的故事会让读者爱不释手？（师相机板书）

（3）大家真会提建议，而且提的建议也很好。我们将在下一节课专门进行编写动物寓言故事的训练。

设计意图：通过讲一讲、演一演、画一画、编一编、议一议等多样化的表现方式，挖掘学生的潜能，给学生搭建展示个性特长的舞台，增强学生的自信心、成功感，使其获得学习的快乐，促进同学之间的团结互助，相互学习，共同进步。

（四）小结寄语

（1）小结学生在本节课的表现。

（2）教师寄语：看寓言故事能开阔我们的视野，丰富我们的知识，启迪我们的智慧，端正我们的思想。希望同学们多读这类故事，同时注意保护视力。祝同学们天天快乐！天天健康！

设计意图：对学生的优秀表现给予表扬鼓励，增强学生的自豪感，激发学习热情。鼓励学生多读书并注意保护视力，引导学生健康快乐地成长。

（五）课堂练习

由于这是一节口语交际课，课堂的练习体现在以下几方面：

（1）互相说一说你喜欢的动物寓言故事。

（2）评一评谁的读书卡片做得好。

（3）讲动物寓言故事。

（4）合作表演动物寓言故事。

（5）合作编动物寓言故事。

（六）作业布置

（1）尝试编写一个寓言故事。

（2）继续搜集古今中外的寓言故事，汲取人生的智慧，变得越来越聪明。

（七）板书设计

百花园七　　语文大课堂

我喜欢的动物寓言故事　　　　　　编一编

　说：清楚　　有条理　　　　　　1.有趣，吸引人；

　听：认真　　有礼貌　　　　　　2.包含一个道理；

　　　　　　　　　　　　　　　　3.内容完整，有条理。

附：

《我喜欢的动物寓言故事》导学案

一、温故知新（4分）

我知道寓言故事的特点是：＿＿＿＿＿＿＿＿＿＿＿＿＿＿＿＿。

二、填寓言故事（6分）

我看过或学过的动物寓言故事有：

＿＿＿＿＿＿　＿＿＿＿＿＿　＿＿＿＿＿＿　＿＿＿＿＿＿

＿＿＿＿＿＿　＿＿＿＿＿＿　＿＿＿＿＿＿　＿＿＿＿＿＿

三、填写读书卡（10分）

照样子，从书籍、杂志、报纸和网络中广泛搜集动物寓言故事，选择一个你喜欢的认真读一读，想一想，再按照表1内容填写读书卡片。

表1

故事名称	主人公	故事内容	包含的道理	选自何处
《狮子和鹿》	狮子、鹿	一只鹿非常欣赏自己美丽的角，还抱怨自己的腿太细，很丑。当遇上狮子，美丽的角差点让它丢了性命，难看的腿反而救了它	任何事物都有它的长处，也有它的短处，我们既要看到事物的短处，也要看到事物的长处，而不能只从外表去看待事物	《伊索寓言》

我也能做读书卡，见表2（可以另外用纸，还可以添加颜色、花边等）。

表2

故事名称	主人公	故事内容	包含的道理	选自何处

四、加分题

（1）你能和小组的同学演一演读书卡中的动物寓言故事吗？（可以自制头饰，并找同学，试一试）（10分）

_____

_____

（2）你可以把读书卡中的动物寓言故事画一画吗？（连环画的形式）（5分）

_____

_____

（3）你认为怎样的动物寓言故事会特别好？特别吸引人？（10分）

_____

_____

核心素养视角·习作例文教学设计

《搭船的鸟》

【教材分析】

《搭船的鸟》是部编版语文教科书三年级上册第五单元的课文。作为习作单元里的精读课文，它的作用是为学生的习作提供范例，区别于传统的阅读教学，它更注重引导学生体会表达上的特点，学习习作方法。《搭船的鸟》以儿童的口吻，描写了"我"在去乡下的路上观察并认识翠鸟的过程。课题中一个"搭"字，就使鸟儿具有了灵性，体现了鸟和人在自然中的和谐。

【设计理念】

（一）双线提升

既要感受作者观察的细致，又要从中感受到语言表达的美及写作的方法。

（二）实践学习

指导学生品味语言，进而习得动物外形的描写方法及动作描写方法，在拓展训练中提升学生的习作能力。

【教学目标】

1.认识生字，学会概括主要内容。

2.通过品读语句，了解"我"对翠鸟的外形、动作等的观察，体会细致观察的好处。

3.通过课文研读，体会语言表达，提炼写作方法。

4.通过看图说话、微课解说、视频促写，培养学生语言表达能力及写作能力。

【教学重难点】

通过描写翠鸟外形、动作的语句感受"我"留心观察周围事物，并通过拓展练习学会细致观察。

【教学准备】

1.多媒体课件。

2.写话学习单。

【教学课时】

一课时。

【教学过程】

（一）导语引入，明白要素

同学们，法国艺术家罗丹送给我们一句话，一起读一读。你知道罗丹要告诉我们一个什么秘诀吗？就是在平时生活中要学会留心观察。

设计意图：读法国艺术家罗丹的名言，引出本单元语文要素"留心观察"，旨在说明留心观察的重要性，让学生清楚本单元学习的主题，为学习课文做铺垫。

（二）复习巩固，引出新课

（1）揭题。

（2）复习生字：开火车读，全班齐读。

（3）用文中的生字词补充课文主要内容。

（4）读课文，整体感知，边读边思考：这只搭船的鸟给你留下什么印象？

设计意图：把握文章的主要内容是阅读的一项重要能力，本环节采用填空的形式，让学生用学过的生字词语进行补充，从浅易处入手，巧妙地给学生渗透方法，让学生逐步养成习惯，形成能力。

（三）深入学文，习得方法

1. 学习第 2 自然段

（1）自由读，找一个词最能表现这只翠鸟的美。（彩色）然后找颜色词、部位词，再积累表示颜色多的词语。

（2）品读语句，体会语言表达的方法及翠鸟的美丽。

（3）从文本提炼动物外形的描写方法有以下几个：

① 从整体到部分。（部分选择具有明显特征的）

② 运用表示颜色、形状的词语。

③ 运用修辞手法。（回忆学过的修辞手法）

④ 观察大公鸡图画，结合文本提炼动物外形的描写方法，并进行说话练习。

A. 这是一只怎样的大公鸡？（训练对大公鸡的整体描写）

B. 我们再仔细观察，公鸡哪个部位具有明显特征？（训练对大公鸡的部分描写，并教会从上到下的观察方法）

C. 小组交流：把刚才的观察连起来和小组同学说一说，完成 PPT 出示的话。

设计意图：在进行第 2 自然段的阅读教学过程中，通过品读语句提炼动物外形的描写方法，然后观察动物大公鸡并进行说话训练，把对课文的理解和语言文字的运用以及动物外形的写作方法有机地结合起来，既巩固了学生对方法的吸收运用，又训练了学生的观察能力和说话能力，着力培养学生的语文素养，体现语文实践活动的意义和价值。

2. 学习第 4 自然段

（1）观看翠鸟捕鱼的视频，引出第 4 自然段，自由读。

（2）作者是抓住什么描写来表现翠鸟捕鱼的呢？找翠鸟捕鱼的动词，理解写翠鸟捕鱼是抓住动作描写，体会动作描写的好处。

（3）品读句子，读好"一下子、没一会儿、一口"等词语，感悟翠鸟的敏捷、机灵。

（4）**过渡**：作者通过动作描写把这只机灵的翠鸟活灵活现地呈现在我们面前，那应该怎样进行动作描写呢？老师给同学们带来了几大法宝，一起来看看吧。

观看微课，了解动作描写的三大要点：

① 留心观察。

② 善于选词。

③ 巧用修饰。

（5）让学生用"仔细观察"的小眼睛观看大公鸡活动的视频，捕捉大公鸡的动作。在汇报过程中，老师引导学生说出准确动词、连贯性动作以及把话说完整。

（6）完成学习单：用恰当的动词描写大公鸡活动的画面。

（7）点评写话。

设计意图：在进行第 4 自然段的阅读教学过程中，学生先理解文本，再提炼动作描写的方法，最后观察大公鸡，在巩固动作描写方法的同时，培养学生的观察能力和说话、写话能力，落实了单元语文要素，体现了理解与运用并重，呈现了读写结合的教学手段。结合上一个重点段的学习，学生从观察大公鸡的外形到观察大公鸡的活动，从仔细观察到说话再到写话，循序渐进，符合学生的认知能力，形成一个连贯系统的观察教学，体现了以教促学，以教促写的教学理念。

（四）拓展延伸，共悟和谐

过渡：如果这只比鹦鹉还漂亮且机灵的翠鸟就在你眼前，你会怎么做？

引导学生感悟人与动物和谐共处的美好。

设计意图：课文的翠鸟是一只搭船的鸟，一个"搭"字，使鸟儿具有了灵性，体现了鸟和人的和谐。学生通过思考对翠鸟的态度及做法，感悟人与动物之间应该和谐相处，共建美好关系，增强了学生爱护动物、保护大自然的人文意识。

（五）回归整体，小结写法

通过课文内容回忆动物外形的描写方法及动作的描写方法。

通过课文内容小结写动物作文的方法：先写动物外形，再写动物的生活习性。

设计意图：叶圣陶先生说："教材无非就是个例子。"通过回归整体，小结写法，学生更系统地了解了文章的结构及写法，并学会把这些方法运用到写作中。

（六）作业布置，巩固写法

课后，运用这节课所学到的方法观察并记录大公鸡的外形及生活习性，完成一篇作文。

（七）板书设计

搭船的鸟

（仔细观察）

外形美　　颜色　　整体到部分

　　　　　　翠鸟

本领高　　动作　　三大要素

（和谐）

《尾巴它有一只猫》

【教材分析】

《尾巴它有一只猫》是部编版语文教科书三年级下册第五单元的习作例文。这个单元是以"想象"为人文主题的习作单元，培养学生走进想象的世界，感受想象的神奇，发挥想象写故事，创造自己想象世界的语文素养。《尾巴它有一只猫》是按照反方向去想象，通过尾巴和跳蚤的语言描写展开故事，"尾巴"的得意、自豪、坚定等情绪通过语言自然而然地传递出来，反方向的趣味在"尾巴"的语言描写中体现得淋漓尽致，能让学生体会到想象的无穷乐趣和新鲜感。

【设计理念】

指导学生阅读短文，分析写作方法，小结写作方法，学会反向思维、想象方法，并且指导学生练习反向想象，续编故事，达到学以致用的目的。同时教导学生如何想象，怎样想象才更有趣。

【教学目标】

1.借助旁批理解课文内容，了解文中的反方向想象。

2.通过反方向想象，激发学生的兴趣，培养学生的逆向思维和创造能力，并拓展多种反方向想象方法。

3.通过说话练习培养学生的语言表达能力。

4.通过看图写话，学生运用反方向想象写小故事，培养学生的写作能力。

【教学重难点】

1.通过课文内容认识反方向想象，学习其他反方向想象方法。

2.根据图意，运用反方向想象的方法写一段话。

【教学准备】

1.要求学生利用导学单进行预习。

2.多媒体课件。

【教学课时】

一课时。

【教学过程】

（一）课前活动

口令动作：师令左手，生举右手；师令张嘴，生闭嘴；师令闭眼，生睁眼……

设计意图：活跃课堂气氛，融洽师生关系。运用简单的逆向思维互动、游戏，为后面学习反方向想象做好铺垫。

（二）激趣导入，揭题质疑

（1）看图猜猫尾巴，引出想象。

（2）看图（古嫦娥奔月—今太空飞船，顺风耳—电话）引发想象。

（3）引出美国著名科学家爱因斯坦的名言：想象比知识更重要。

（4）揭题。质疑：读了课题，你有什么问题要问的吗？

设计意图：兴趣是最好的老师，以猜谜语、观图引发想象等手段激趣导入，充分调动了学生的学习积极性。

（三）初读课文，认识旁批

（1）自由读文，思考：写谁干什么？

（2）哪个自然段提出这个观点？（学习第1自然段）指导读。

（3）观察例文与其他课文的不同之处：认识旁批。

设计意图：把握文章的主要内容是阅读的一项重要能力，本环节巧妙地给学生归纳、概括了主要内容的方法，又从文本中渗透开门见山、直接点题的习作写法，认识旁批并知其作用，让学生逐步养成习惯，形成能力。

（四）学习例文，了解方法

（1）默读课文，边读边用横线画出能看出"尾巴"拥有一只猫的句子。

（2）根据学生汇报出示第3、5自然段。通过朗读来感受"尾巴"神奇的想象。

（3）学习第6自然段。读跳蚤的话（PPT出示）。"尾巴"还是坚持自己的想法，引出"尾巴"的理由。

（4）学习第7自然段。听录音朗读，找"尾巴"举的例子，引出第二处旁批，理解例文想象方法：反方向想象。

（5）根据文本拓展练习：

①（　　　）有一只猫。

②"尾巴"有一只（　　　）。

③小结：这就是反方向想象。

（6）学习第8、9自然段。

① 受到了猫尾巴反方向想象的启发，狗尾巴和狗是怎么说的？默读、找句子、读、体会高兴。

② 仿造狗尾巴和狗的话，看图说图。引导学生把句子说得完整、生动。

设计意图：从习作例文出发，根据文本内容分析想象作文的写作方法：从反方向想象。通过"说话练习"训练学生运用反方向想象思维从说简单的一句话到加上形容词把句子说得生动具体，提高学生的语言表达能力。

（五）发散思维，拓展延伸

1.反方向想象：事物特点相反

（1）PPT出示蜗牛图片，说蜗牛特点。

（2）欣赏电影《极速蜗牛》片段，体会事物特点相反的想象。

2. 反方向想象：人物角色互换

联系生活实际：课堂上，有什么可以调换？

3. 反方向想象：空间位置互换

（1）PPT出示图，让学生学着反方向想象说话。

（2）师引导：书可以在天上玩，太阳可以藏在草地里。生再汇报。

（3）选角色，讲故事。先是老师问学生答，再引导学生自己说一段话。

（4）学会方法，写故事。

（5）讲评故事。

设计意图：在学生通过学习对习作例文的反方向想象有一定理解的基础上，教师拓展延伸其他三种反方向想象的类型，发散学生的思维，引导学生在形式多样的理解中对学习效果进行深化，使学生由感知文本到亲近文本，再到走出文本，最后习得有效的写作方法，学以致用，提高写作能力。

（六）对比小结，掌握方法

（1）通过本单元两篇例文对比两种想象方法：

①《一支铅笔的梦想》：顺着事物的特点想象。

②《尾巴它有一只猫》：反方向想象。

（2）小结本节课的学习内容以及写作方法。

设计意图：本单元两篇习作例文的写法虽不一样，但又是密切相关的，在学生熟悉本篇例文写法的基础上，对比同类例文的不同写法，更有利于学生对想象作文多种习作方法的理解、吸收。

（七）作业布置，加以巩固

（1）课后把本节课反着想象的故事写完整。

（2）推荐阅读《神奇飞书》《云朵面包》等。

（八）板书设计

尾巴它有一只猫

反方向想象

事物的相互拥有

事物的特点相反

人物的身份互换

事物的位置互换

《颐和园》

【教材分析】

《颐和园》是部编版教材四年级下册第五单元的习作例文，安排在"交流平台"和"初试身手"之后，为学生进一步学习"按游览的顺序写景物"提供模仿范例。《颐和园》移步换景，按照游览的顺序记叙景物，依次描写了在长廊、万寿山脚下、佛香阁、昆明湖所见景色，一步一景，顺序清晰，对印象深刻的景物进行重点描写。让学生充分感受到例文的结构严谨之美、移步换景之美、视角变化之美、段落构思之美、过渡自然之美、语言生动之美。

【设计理念】

本单元的语文要素是"了解课文按一定顺序写景物的方法"，习作要求是"学习按游览的顺序写景物"。部编版小学语文教科书中习作内容的编排呈现序列化，关注学生习作能力的螺旋上升。本节课的设计牢牢把握本单元的独特体例，合纵连横，立足语文要素；在准确解读把握单元要素之后，联合板块，落实单元重点，让学生在习作单元中经历"认识—实践—再认识—再实践"的过程。

【教学目标】

1. 借助旁批及课后习题理解课文按一定顺序写景物的方法。

2. 理解过渡句在文中的作用，学习课文灵活多样的过渡句写法，并借助过渡句梳理作者的游览路线图。

3. 通过练笔训练，培养学生的语言表达能力。

【教学重难点】

1. 通过例文学习"按游览顺序写景物"。

2.如何把印象深刻的景物描写具体。

【教学准备】

1.要求学生利用导学单进行预习。

2.多媒体课件。

【教学课时】

一课时。

【教学过程】

（一）回忆联想，激趣导入

以"交流平台"的内容为切入点，依托课文，引导学生回顾小结，交流感悟。

本单元，我们从巴金爷爷的笔下领略到（   ），通过叶圣陶爷爷的文章感受到（   ）。在交流平台的梳理小结中，我们知道写游记时，可以（   ），可以（   ），如果景物发生了变化，还可以（   ）。

（二）研读习作，梳理问题

（1）同学们，"五一"假期，我们游览了玉都公园，并写了游记，老师从中选取了两篇文章，请同学们拿出课前下发的文章，认真快速地默读，找找这两篇文章存在什么问题？

（2）交流汇报从文章中发现的问题。

（3）教师小结并引入例文学习。

通过刚才的交流，你们发现的问题，正是同学们这次作文中存在两个共性的问题：一是游览顺序不够清晰，过渡不够自然。二是没有抓住重点景物具体描写。我们该如何解决这两个问题呢？今天老师将与同学们一起欣赏当代作家袁鹰写的一篇游记《颐和园》，相信同学们肯定会从中得到启发。

设计意图：本环节选取学生预习作中具有明确的共性、指向性的两篇习作，研读探究，引导学生发现与课堂内容相契合的问题。问题的提出来源于学生习作和生活的真实感受，问题本身具有实际意义，不仅能够调动学生的探究兴趣，而且能够为他们指引提升习作能力的方向，让学生逐步养成习惯，形成能力。

（三）品读例文、习得方法

1. 觅寻过渡句，厘清游览顺序

现在请同学们自由读课文，边读边思考，作者依次游览了颐和园哪几个景点？你是从哪些句子知道的呢？快速读课文，找出相关的句子。

从一处景点到另一处景点，作者是怎么巧用过渡句说清楚的呢？

2. 学以致用，巧用过渡句

（1）请从屏幕中选用合适的词语来修改下面的过渡句。看谁最快想好？

（2）请同学们拿出刚才的文章，修改文章中余下的几句表示游览顺序的句子。

（PPT出示玉都公园游览示意图并修改过渡句）

PPT出示：

走进玉都公园，首先映入眼帘的是大门右侧的"百信广场"。

离开"百信广场"沿着上山大道往上走……

伴随着满眼的绿色，不知不觉来到了半山腰的"法治文化长廊"。

走完长廊沿着石阶往上爬，约二十分钟便到达山顶，穿过慈孝广场，就来到了以忠阁。

3. 重点景物具体写

游览顺序写清楚了，那怎样把重点景物写具体呢？让我们再次跟着作者来到颐和园，请自由读文章第4、5自然段。想想这两段话分别写了什么？作者是怎样把景物写具体的？

设计意图：本环节通过带着问题品读习作例文，以文本的四处旁批及课后题为切入点，引领学生体会例文巧妙运用过渡句把游览顺序写清楚，感受通过多视角观察、恰当运用修辞、印象深刻的景物重点写等方法描写景物，利用习作例文帮助学生解决习作中的典型问题，同时引导学生观察自然，留心身边的美。

（四）运用方法，修改习作

要把印象深刻的景物写具体，我们可以（　　），可以（　　），可以（　　），现在请同学们运用刚才学到的方法，修改文章中写作者登上以忠阁看到的景色，注意要正确运用我们学过的修改符号。

（五）互评互改，提升能力

1. 修改片段

刚才在你们写作的时候，我发现有一位同学文采飞扬啊！我们一起来欣赏欣赏她写的片段。现在你们就是现场评委，待会请你们结合我们刚才学到的方法来评一评。说说哪里改得好，好在哪儿？

（生读）

PPT出示：

沿着石阶往上走，约二十分钟便到达山顶，穿过慈孝广场，就来到了以忠阁。站在高高的以忠阁上，阵阵微风扑面而来，使人神清气爽。我极目眺望，只见远处群山层层叠叠，连绵起伏。正前面，山城玉都尽收眼底：一栋栋高楼拔地而起，一条条马路纵横交错，玉带似的锦江河从城中缓缓流过……向下望，马路上的汽车川流不息，像一只只蚂蚁在忙碌着。转身遥望玉都公园的西北角，波光粼粼的尚文水库犹如一颗闪闪发光的明珠镶嵌在群山的怀抱中。欣赏着这如诗如画的美景，我怎能不深深陶醉呢？

2. 修改后点评

教师对片段进行修改，与学生一起点评作品并对其归纳总结。

设计意图：本环节的目的在于让学生将从习作例文中习得的方法尝试运用到习作修改中，将印象深刻的景物写具体、写生动，目标指向学生习作能力的提升。

（六）作业布置，加以巩固

课后运用学到的方法修改好自己的作文。

（七）板书设计

颐和园

移步换景写游记　　巧用过渡句

印象深刻的景物 ⎰ 多角度观察
　　　　　　　　⎱ 恰当用修辞
　　　　　　　　　抓重点描写

参考文献

［1］李吉林.李吉林情境教学理论与实践［M］.北京：人民日报出版社，
1996.

［2］万婷婷.小学语文第三学段口语交际能力培养［D］.沈阳：沈阳师范大
学，2017.

［3］杨克辉."双减"背景下提高小学语文课堂教学效率的策略探讨［J］.
新智慧，2022（18）：4-6.

［4］王健华.授之以鱼不如授之以渔——由作文阅卷引发的思考［J］.现代
教学，2010（10）：62.

［5］安文峰.基于真语文观的初中语文阅读教学初探［J］.神州教育，2020
（30）：226.

［6］蔡屏屏.遵循规律，科学识字，提升效率［J］.课程教育研究（外语学
法教法研究），2018（23）：269.

［7］陈桂红.质疑是创新的基础［J］.今日科苑，2008（13）：142.

［8］许加生，别同玉.论终身学习与终身学习能力的培养［J］.成人教育，
2003（10）：14-15.

［9］杨海霞.质疑、解惑，还教学本真——追寻小学语文课堂教学中质疑的
有效性［J］.语文世界（教师之窗），2019（12）：30-31.

［10］吴小霞.浅谈我对小组合作学习的认识［J］.世界华商经济年鉴：理论
版，2012（9）：22-23.

［11］张国英.自我约束成"方圆"［J］.课程教育研究，2017（18）：254-
255.

［12］约翰·洛克.教育漫话（摘录）［J］.教育：综合视线（上旬），2009
（5）：1.

［13］陈青兰.浅谈小学语文教学中如何培养学生的口语交际能力［J］.课程教育研究，2016（33）：79-80.

［14］刘娟.想说可以大声说——小学语文课堂教学中学生主体地位凸显的探究［J］.教育界（教师培训），2016（5）：33-34.

［15］刘善敏.兴趣是最好的老师［J］.人民教师论坛，2008（4）：39-40.

［16］罗志惠.阅读教学中合作学习例谈［J］.中小学教师培训，2002（1）：46-47.

［17］卢素霞.需要之教应该遵循的原则［J］.读写算（教研版），2012（8）：185.

［18］刘恋花.浅谈如何提高学生的口语交际能力［J］.东西南北·教育，2011（5）：101.

［19］周红梅.浅议小学生语文学习兴趣的培养［J］.读写算（教育教学研究），2013（41）：357.

［20］王建华.浅谈语文学习兴趣的培养［J］.新一代（下半月），2012（5）：16.

［21］李建英.教学应有效培养学生口语交际能力［J］.语文教学与研究（大众版），2015（6）：118.

［22］李荷儿.高中语文作文课堂教学之我见［J］.科学教育，2011（3）：57-58.

［23］胡云翔.自信是成才的必备条件［J］.读与写：上旬，2018（6）：297.

［24］刘楚勤.作文教学培养学生想象能力的初探［J］.教育艺术，2007（4）：23-24.

［25］李北琼.以阅读教学为支点提高小学生语文核心素养［J］.语文教学与研究，2019（6）：110-111.

［26］朱柯吉.说写结合，让说明文教学更精彩［J］.教学与管理：小学版，2013（9）：45-46.

［27］邓妙珊.立足教材，构建小学语文课外阅读课程——小学语文部编教材课外阅读课程建设之思考［J］.试题与研究（高考版），2021（19）：95-96.

［28］胡绪明.浅谈小学语文阅读教学中的"三动"［J］.中国教育科研与探索，2006（1）：110.

［29］李永顺.学之有味，让预习不再成为"鸡肋"［J］.小学教学参考，2011（36）：54.

［30］焦鹏程.成功的秘诀是兴趣——习作动力生成方法例谈［J］.湖北教育（教育教学），2018（1）：23–24.

［31］张少华.创设口语交际情境让口语交际活起来［J］.读写算（教研版），2012（4）：51–52.

［32］丁锦云.新理念下口语交际能力的培养［J］.素质教育论坛，2009（8）：52.

［33］邓伟燕.让语用训练在语文教学中落地生根［J］.中文科技期刊数据库（文摘版）教育，2017（4）：270.

［34］罗利红.倾听文本的声音——品读词句　潜心会文［J］.小学科学（教师），2012（7）：25.

［35］赵静.阅读与练笔共融，人文与工具并长［J］.语文教学通讯：小学（C），2013（11）：58–59.

［36］张清华.凭借课文　找准"练点"学习表达［J］.小学时代（教师），2011（1）：43.

［37］周永萍.生活是学生写作的源泉［J］.小学生作文辅导（教师适用），2012（8）：46.

［38］乔善梅.细微之处显神韵——初中学生作文细节的缺失原因及对策研究［J］.科教导刊，2011（2）：208–210.

［39］聂凤梅.最是细处能动情：浅谈初中作文的细节描写［J］.中国科教创新导刊，2011（3）：101.

［40］张晓兰.微课资源在小学语文作文教学中的应用［J］.文教资料，2018（17）：48–49.

［41］沈艳芹.小学语文作文教学中微课资源的开发及教学策略［J］.中国校外教育（上旬），2018（10）：107.

［42］熊永禄.微课在高中语文教学中的应用探索［J］.科学咨询，2018（24）：129.

［43］王晓莉.微课在高中语文教学中的应用策略分析［J］.当代教育实践与教学研究（电子刊），2018（1）：22.

［44］李秋月.微课教学模式在语文教学中的应用研究［J］.成才之路，2017

（11）：76.

［45］邓惠莲.浅谈建构主义理论在高中语文微课教学中的运用［J］.语文月刊，2016（4）：16–18.

［46］张文娟.浅谈微课程在小学语文课堂教学中的运用［J］.中学课程辅导（教学研究），2016（11）：255.

［47］伏凤林.引导学生潜心语文积累［J］.小学教学参考（语文版），2014（1）：1.

［48］李春琴.学会观察 轻松作文［J］.写作（中学版），2009（3）：8.

［49］李淼.谈作文"互批互改"中教师的引导作用［J］.承德职业学院学报，2008（3）：135–136.

［50］施燕贞.情感演绎 倡导自主：浅谈学生自己修改作文能力的培养［J］.作文成功之路（高考冲刺），2018（1）：3.

［51］龚亚丽.学会修改 精彩无限：小学中高年级学生自主修改习作能力的培养［J］.魅力中国，2019（24）：66–67.

［52］李梅华.浅议如何提高学生自改习作的能力［J］.读写算（教师版）：素质教育论坛，2017（46）：1.

［53］马友娥.信息时代下小学语文写作教学的思考［J］.小学生作文辅导，2020（2）：47.

［54］耿莉.借助微信平台引导学习小组自主评改作文的研究［J］.小学教学参考，2020（34）：82–83.

［55］李树奇.高效课堂模式下的班级小组建设和评价［J］.现代教育科学（中学教师），2014（2）：33，15.

［56］高语晗.如何评价初中学生核心素养下的语文阅读能力［J］.吉林教育（综合），2016（48）：107.

［57］栗惠敏.浅谈新课程下的小学语文识字教学评价［J］.小作家选刊（教学交流），2014（11）：99.

［58］何彦亭.谈小学语文课堂教学的有效性评价［J］.甘肃教育，2019（20）：126.

［59］董兴.语文课堂教学中学生评价方式的方法探究［J］.当代教研论丛，2019（10）：62.